HERMAN BAVINCK

믿음의 확실성

De zekerheid des geloofs

믿음의 확실성

저자: 헤르만 바빙크
역자: 허동원
펴낸 곳: 우리시대
펴낸 이: 신덕례
펴낸 날: 2019년 2월 13일
편집: 권혜영
교열교정: 허우주
디자인: 토라디자인
유통: 기독교출판유통

ISBN 979–11–85972–19–0

경기 고양시 덕양구 마상로 102번길 53 우리시대
SNS facebook: woorigeneration
E–mail: woorigeneration@gmail.com

추천의 글 1

서문 강 목사(중심교회)

이런 귀한 책을 한국 교회 성도들과 사역자들이 읽을 특권을 허락하신 하나님 우리 아버지께 주님의 이름으로 감사합니다.

인생의 모든 부분은 그 나름의 '진리'를 가지고 있습니다. 그 진실의 연원(淵源)에 만물을 지으시고 그 안에 인생을 지으사 주도하게 하신 창조주 하나님이 계십니다. 하나님의 창조는 어떻게 진행되었습니까? '하나님께서 창조의 재료들을 먼저 만드시고, 그 재료들이 무질서하고 혼돈스럽게 엉켜 있는 흑암 속에 창조의 명령을 발하심으로 만유(萬有)로 생성되고 거기 존재의 질서가 있게 하심'을 내용으로 하고 있지 않습니까? 그런데 그 하나님의 창조의 절묘하고 완전한 아름다움이 인간의 죄로 인하여 망가지고 뒤틀려지고 일그러졌습니다. 거기서 당신의 백성을 구원하시어 '의(義)만 거하는 하나님의 나라'를 건설하시려는 하나님의 열심 속에서 우리는 하나님의 새 창조의 영광을 발견합니다.

헤르만 바빙크의 모든 책들은 바로 그 '하나님의 창조의 내용과 의미, 그리고 성삼위 하나님의 구원의 의지와 실행'이라는 큰 틀 안에서 책에서 다루려는 주제에 접근하는 것을 특징으로 삼습니다. 이 책은 그런 의미에서 '바빙크 관점의 꽃'과 같은 책이 분명합니다.

그러므로 바빙크의 관점은 자기들의 사변(思辨)의 전제(前提)를 미리 정해 놓고 주제를 논하기 시작하는 인문주의 철학자들의 접근과는 전혀 다릅니다. 바빙크의 관점은 성경이라는 하나님의 계시에 절대 복종하는 원칙을 벗어나지 않습니다. 그러면서 바빙크는 하나님을 알지 못한 가운데서 사변으로 진리의 길을 찾아내려는 인문주의자들의 의식의 세계를 염두에 두는 일을 놓치지 않습니다. 왜냐하면 그들의 의식의 기본을 인정하기보다는 그들도 공유해야 할 기독교 진리의 보편성에 접근하는 통로를 그들에게 마련해 주고 싶었기 때문입니다. 그들이 실제 전체 인생에게 미치는 영향력의 비중이 '기독교 세계관'보다 엄청나게 크다는 현실을 염두에 두고 '기독교 진리의 절대적 보편성'을 개진할 필요를 바빙크는 절실하게 느끼고 있었습니다.

바빙크의 이 책은 '성삼위 하나님을 견실하게 믿는 사람들'에게는 '더 견고한 논리'를 제공하면서 '하나님을 모르는 이들'에게는 '믿음의 세계'를 엿보게 하는 창을 열어 주는 '변증적(辨證的) 논의'를 담고 있습니다.

실로 '바른 신학, 정당하고 확실한 신앙의 초석'은 성경에서 찾되, '우리가 사는 현대 신학자들한테서 찾지 말고 교회사 속에서 주님이 쓰신 종들이 성령님의 인도하심 속에서 배우고 확신하고 개진한 논리들' 속에서 찾는 것이 '영적 지혜의 진수'가 아닐지요.

이 책은 그런 의미에서 '주님께서 교회사 속에서 주신 거룩한 유산에 등재된 성령님의 기름 부으심 받은 책'임에 분명합니다.

추천의 글 2

이승구 교수(합동신학대학원대학교 조직신학)

헤르만 바빙크(1854-1921)는 화란 개혁신학을 19세기 말과 20세기 초의 맥락에서 아주 확고히 하면서, 오래 전부터 성경에 근거해서 그리스도인들이 믿고 있던 바를 이 새로운 시대에도 건실히 지켜 나가는 흐름을 잘 이어가고 그것이 당시 화란 기독교계 내에서 다시 주류가 되도록 한 사람 중의 한 분입니다. 그리고 그는 한국 기독교에도 지속적으로 소개되어 적어도 문서상으로는 한국 기독교회도 이런 건실한 흐름을 이어 가도록 한, 우리와 깊이 관련된 인물이기도 합니다. 문제는 그저 이런 건실한 신학자가 쓴 책들이 소개되고 번역되는 것으로만 마쳐진다는 데에 있습니다. 중요한 것은 바빙크가 아니라 그가 믿고 있는 성경적 신앙이며, 그것이 그대로 우리 속에도 있어서 역동력 있는 성경적 신앙으로 드러나야 합니다.

여기 허동원 목사님께서 번역하여 소개하는 이 바빙크의 책도 그저 바빙크의 책을 또 한 권 소개하는 것으로 받아들여진다면 무의미합니다. 중요한 것은 우리들이 이것을 읽고 생각하면서 과연 성경적인 확신으로 나아가서 그런 신앙의 사람으로 사는 것입니다. 이 책을 읽으면 성경적인 신앙과 성경적인 확신이 어떤 것인지, 그것이 왜 종교개혁의 신앙과 종교개혁적 확신과 연관되어 있는지를 잘 알게 됩니다. 우리 모두 이런 방향으로 생각하며, 부디 그런 신앙의 사람들이 되었으면 합니다. 그래야 바빙크에게도 감사를 표현하는 것이 되며, 매우 바쁘신 중에도 이 책을 번역하느라 수고하신 허동원 목사님께도 감사를 표현하는 것이 될 것입니다. 정확히 읽고 아는 것이 중요합니다. 그래서 우리에게 바빙크 같은 매우 정확한 신학자가 필요합니다. 그러나 더 중요한 것은 그 내용대로 우리가 믿고, 그런 신앙의 삶을 사는 것입니다. 그것이 바빙크가 그의 죽음의 침상에서 했다는 그 유명한 말의 진정한 의미입니다: "지금 나의 학문도, 내가 쓴 개혁교의학도 나를 돕지 못한다. 오직 (예수 그리스도의 십자가 구속을 믿는) 믿음만이 나를 구원한다." 이 말을 학문의 무용성으로 오해하지 말기를 바라면서, 부디 우리에게 그런 살아 있는 신앙과 그런 신앙의 확신이 있기를 원합니다. 우리들이 이런 진정한 성경적 신앙을 가지고 확신을 가질 때만 한국 교회에 희망이 있습니다.

추천의 글 3

김준범 목사(양의문교회/계약신학대학원대학교)

신자의 모든 생활은 신앙생활 곧 '믿음 생활'이다. 신자는 믿음으로 삶을 꾸려나갈 때에 비로소 신앙생활을 시작한다. '믿음의 확실성'에 대한 바빙크의 시리즈 강의를 읽으며 나는 '믿음의 실제성'을 생각했다. 참된 믿음은 여러 모로 그 존재감을 드러내기 마련이다. 믿음은 모든 것이 불확실한 이 세상에서 가장 확실한 것이 무엇인지를 확신하게 만들어 주는 힘을 가지고 있다. 참된 믿음으로부터 나오는 이 '확실성'을 소유한 자들은, 바빙크의 말처럼, 가장 고상한 정신의 자유를 누리게 된다. 참된 믿음의 확실성은 과학적 설명이나 추론, 또는 사람의 종교적 경험이나 주관적 확신이나 신념에서 나오는 것이 아니라, 오직 하나님의 말씀의 진리와 성령의 역사에만 기반한다는 점을 탁월하게 논증하는 바빙크의 이 책은, 참된 믿음을 가진 자라면 누구든지 관심을 가지고 정독해 보고 싶은 책이 될 것이다. 믿음은 하나님이 주시는 신비로운 선물인 동시에, 하나님의 모든 선물을 받아 누리

게 만들어주는 놀라운 것이다. 참되고 확실한 믿음이 아니라면 어떤
것이든 다 의미없다.

추천의 글 4

고경태 목사(주님의교회/ 서울한영대학교)

헤르만 바빙크는 3대 칼빈 신학의 대표 신학자 중 한 분이다. 장로파에서는 프린스턴의 워필드이고, 네덜란드 개혁파에서는 아브라함 카이퍼와 헤르만 바빙크다. 세 신학자의 가르침은 칼빈과 우리 사이에 매우 중요한 연결점을 갖고 있다. 18세기에 흔들린 개혁파 신학을 바로 세운 중요한 과업을 세웠다. 박형룡 박사가 미국 프린스턴에서 수학했고 벌코프의 조직신학으로 교육하면서 세 신학자를 모두 수용하는 계기를 맞이했다. 한국 교회는 칼빈의 원형을 복구하며 더 발전시킬 수 있는 좋은 위치에 있으며 종교개혁 신학을 회복시키고 더 발전시킬 수 있는 시대적 지정학적 사명이 있다. 세 신학자의 신학을 탐독하는 것은 개혁파 학도로서 큰 기쁨이고 유익이고 감동이다. 큰 선생인 헤르만 바빙크의 『믿음의 확실성』을 추천하는 자세가 아니라, 맹목적으로 탐독해야 할 위치에 있다.

한국 교회에 헤르만 바빙크의 저술이 다수 번역되어 소개되었지만 명료한 이해는 나오지 않은 것 같다. 우리는 믿음의 교사들의 동일성과 차이점을 잘 구분하는 것이 학도로서 매우 필요한 능력이다. 바빙크 박사가 카이퍼 박사의 자유대학에서 강의를 하면서도 분리파와 애통파 간의 논쟁은 쉬지 않았다. 간혹 한국 교회에 네덜란드 개혁파를 계승한다고 하면서, 지류를 붙들고 전체로 주장하는 경우가 있는 것 같다. 바빙크 박사와 카이퍼 박사가 논란이 있었지만, 두 신학자는 다르지 않았다. 프린스턴에서 강연할 때도 다르지 않았다. 한국 교회와 그리스도인이 칼빈신학 전통 위에 설 것을 생각한다면 바빙크의 저술을 읽어야 한다.

헤르만 바빙크의 『믿음의 확실성』은 상당히 간략한 저술이다. 저술 앞에 제시한 바빙크의 생애와 신학은 매우 유익한 내용을 담고 있다. "믿음의 확실성"은 기독교에서 끊임없이 논란이고 지금도 그렇다. "믿음의 확실성"에 대한 바빙크의 제시는 바른 믿음이 무엇인지 이해할 수 있는 유익한 저술이다. 신자가 구원의 "확실성"을 갖는 근거를 명확하게 제시한다. "구원 탈락 가능성" 주장에 대한 중요한 변론서가 될 것이다.

추천의 글 5

김은득 목사(칼빈신학교/ 바빙크의 공공신학 전공)

"세상을 정복하는 믿음의 능력 (요일 5:4)"을 설교했고 "내가 평생 믿음을 지켰다"고 유언했던 헤르만 바빙크는 이 책 『믿음의 확실성』을 통해 "믿음의 확신은 가장 심오하고 본질적이며 귀한 동시에 무엇보다 강하다"는 것을 잘 보여줍니다. 인간은 수학적 명제나 과학적 진리를 위해서 목숨을 내놓지 않을지라도, 신적 권위로 받아들인 것을 위해서는 순교자가 되기도 한다는 것입니다. 그렇게 강력하게 인간을 붙들고 지배하는 확실성의 길로 안내받기를 원한다면, 또한 무엇보다도 바빙크가 평생 지킨 그 믿음, 바빙크가 설교한 그 믿음의 능력, 바빙크가 이 책을 통해 전해주는 그 믿음의 확실성을 맛보기를 원한다면, 이 책을 읽으실 것을 강력 추천합니다.

* **일러두기**

1. 본문 중 참조 성경구절과 각주는 옮긴이가 넣은 것이다.

2. 본문 중 이탤릭체는 저자의 것이다.

3. 해제 논문 두 편의 원주 외에 옮긴이의 주석은 '역자 주' 로
   표시하였다.

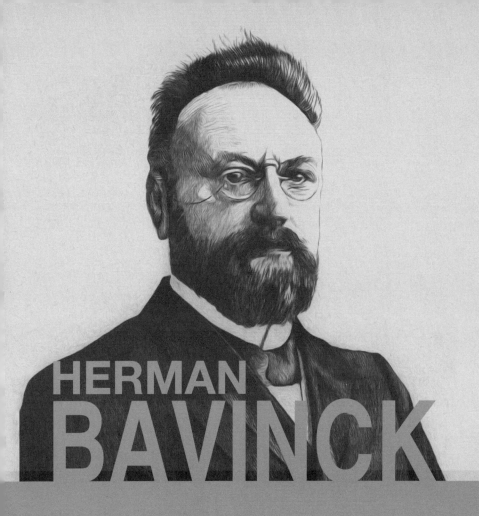

HERMAN
BAVINCK

믿음의 확실성

De zekerheid des geloofs

헤르만 바빙크의 생애와 신학[1]

코르넬리스 P. 베네마(Cornelis P. Venema)

초기 생애와 교육적 배경

헤르만 바빙크는 1854년 12월 13일 네덜란드의 호헤베인 (Hoogeveen)에서 태어났다. 그의 부친 얀 바빙크(Jan Bavinck)는 기독 개혁교회에 소속된 존경받는 목사였다. 그의 아버지가 속한 교단은 점점 더 자유화되고 개혁교회의 신앙고백으로부터 멀어져버린 네덜란드의 국가 교회인 개혁교회(Hervormede Kerk)로부터 1834년 소위 '분리' (Afscheiding)의 결과로 형성되었다.

이미 어린 시절부터 학교 교육에 있어서 다른 학생들을 꾸준히 능가하는 소질을 보였던 바빙크는 16세가 되어 즈볼러(Zwolle)에 있는 김나지움(gymnasium)에 입학하였다. 이 학교는 기숙학교 시스템으

---

1) 이 글은 중미 개혁 신학교(Mid American Reformed Seminary)의 학장인 코르넬리스 P. 베네마(Cornelis P. Venema) 교수가 『뉴 호라이즌(New Horizons)』 2008년 10월호에 기고한 「헤르만 바빙크: 생애와 신학(Herman Bavinck: His Life and Theology)」을 저자의 공식적인 허락을 받고 번역한 것이다. 역자 주.

로 운영되어 여러 가지로 북아메리카에 있는 대학들에 비할 만하였는데, 바빙크는 4년제 정규과정을 3년 만에 마치고 졸업했다. 바빙크는 즈볼러에서 공부하는 동안 신학교 훈련을 받기 위하여 레이던 대학(Leiden University)에 진학하고 싶다는 소망을 표현하였다. 레이던 대학은 당시 네덜란드의 대학들 중에서 가장 자유주의적인 동시에 학문적으로도 탁월한 명성을 자랑하는 곳이었다. 레이던 대학의 신학부는 신앙고백적 개혁주의 신학을 거부하고 기독교 신앙의 윤리적이고 비판적인 재해석을 옹호하는 것으로 유명했다. 바빙크의 부모와 주변의 지인들은 그가 캄펀(Kampen)에 있는 기독 개혁교회 신학교에서 공부를 시작하도록 설득했다. 그러나 바빙크는 탁월한 학문성으로 널리 알려진 종합대학교 교육기관에서 공부하기를 열망했기 때문에 결국 레이던 대학으로 결정하게 되었으며, 유감스럽게도 부모와 주변 사람들은 레이던 대학교의 분위기에 짓눌려 그가 가진 개혁주의적 확신을 잃게 될까 우려했다.

1880년에 바빙크는 레이던 대학교에서의 학업을 마치고 '츠빙글리의 윤리학' 연구 논문으로 신학 박사 학위를 받았다. 그는 레이던 대학교에서 탁월한 학생으로 이름을 얻었고 우등(with honors)으로 박사 학위를 취득했다. 바빙크는 레이던에서 공부하면서 여러 스승들에게서 배웠지만, 동시에 개인적인 신앙고백과 확신에 큰 도전을 받게 되었다. 그와 친한 친구 한 명에게 '나는 레이던에서 많은 것을 배웠지

만, 또한 배우지 못한 것도 그만큼 많다'고 털어놓았다.[2]

교의학 교수 바빙크

바빙크는 레이던 대학에서 학위를 마친 후에 프라네커르
(Franeker)에 있는 기독 개혁교회에서 사역을 시작했다. 그는 프라네커
르에서 사역하는 동안 암스테르담에 있는 자유대학교에서 제안한 신
학 교수직 임명을 두 번이나 거절했다. 그러나 1882년 기독 개혁교회
의 총회에서 캄펀 신학교의 공석이던 교의학 교수직 초빙 요청을 받
아들였다. 그는 1883년 1월 10일에 공식적인 교의학 교수로 취임하면
서 '거룩한 신학의 과학'(The Science of Sacred Theology)이라는 제목의 강
연을 하였다. 이 강연의 내용은 많은 교회들에 두루 소개되었으며, 헤
라우트(De Heraut, 1883년 1월 21일자)란 잡지에 논평을 실었던 아브라함
카이퍼(Abraham Kuyper)의 주목을 받았다. 카이퍼는 '나는 처음부터 끝
까지 이처럼 통합적인 안목을 제시하는 논문을 읽어본 적이 거의 없
다'고 평가했다. 바빙크는 이 취임 강연을 필두로 하여 20년 동안 캄펀
신학교에서 왕성한 연구와 강의에 돌입했다. 그의 겸손한 자세와 뛰
어난 언변 및 탁월하고 폭넓은 지식은 학생들의 사랑을 받기에 충분
했으며, 아울러 캄펀 신학교에서 가르치며 지내는 동안(1883-1901) 『개
혁교의학』 초판 네 권을 완성했다.

---

2) 발렌틴 헵(Valetin Hepp), 『헤르만 바빙크 박사(Dr. Herman Bavinck)』, 87쪽.

1892년에 바빙크는 첫 번째로 북미 대륙으로 여행을 다녀왔다. 캐나다 토론토에서 장로교 체계를 따라 열린 개혁교회 연맹(Alliance of Reformed Churches)에서 연설을 했다. 이후에 그는 미국 미시간 주 그랜드래피즈에 위치한 칼빈 신학교(Calvin Theological Seminary)에 교수로 있던 절친한 친구 게르하르두스 보스(Geerhardus Vos)를 방문할 기회도 가졌다. 아울러 프린스턴 신학교를 방문하여 벤자민 B. 워필드(Benjamin B. Warfield)를 만나서 친교를 맺었다.

1880년대에 일어난 분리파(Afscheiding, 1834) 교회와 애통파(Doelantie, 1886) 교회를 통합하기 위한 노력의 와중에 논쟁이 발생했다.[3] 그 논쟁의 요지는 신학교육을 교회가 주도하는 것과 목회 사역을 위한 신학생을 양성하는 것에 관한 문제였다. 1834년의 분리파 교회를 지지하는 대부분의 사람들은 교회가 주도하는 원리를 주장한 반면에, 카이퍼의 주도 아래 애통파 교회 편에 서 있던 사람들은 '자유로운 연구' 혹은 신학 교육은 대학교에 자리 잡아야 한다는 원리를 옹호했다. 1892년에 이들 두 교파의 통합을 이끌었던 과정에 주도적으로 참여한 바빙크의 입장을 보면 그가 속한 전통에 비추어 볼 때 다소 이례적이다. 왜냐하면 그는 신학 교육이 가장 엄밀하게 학문적이고 '과학적인' 접근을 장려할 수 있도록 하기 위하여 대학이라는 현장에서 추구되어야 한다는 생각에 공감하였기 때문이다. 이것은 바빙크가 1902

---

3) 애통파 교회는 네덜란드 국가개혁교회로부터 두 번째로 분리되어 나온 교회였다. 이 교회는 아브라함 카이퍼의 지도 아래 네덜란드 개혁교회(Gereformeerde Kerk in Nederland, 약칭GKN)을 형성하면서 1834년의 분리파 교회와 연합하였다.

년 자유대학교 교의학 교수직 임명을 네 번 만에 수락한 결정을 보면 잘 알 수 있다.

바빙크는 1908년에 두 번째로 북미 대륙을 방문하였는데, 그 주요 목적은 프린스턴 신학교에서 열린 스톤 강좌(Stone Lectures)에서 강의하기 위한 것이었다. 그는 이 방문을 통하여 시어도어 루스벨트 (Theodore Roosevelt) 대통령을 방문할 수 있는 특권도 누렸다. 이 시점을 계기로 그의 교수 사역 후반부에는 학문적 관심이 어느 정도 변화가 있었다는 점이 발견된다. 그는 가까운 친구에게 '나이가 들어 갈수록 마음이 점점 교의학으로부터 철학적 연구로 향하고 있으며 또한 이 연구를 내 인생에 있어서 느끼는 실천적 필요성에 적용하게 된다'고 털어놓았다.[4] 바빙크가 교수 사역 후반기에 쓴 많은 작품들은 대학교를 비롯한 많은 기독교 교육기관의 탁월성을 추구하기 위하여 철학적이고 교육학적인 기초를 폭넓게 제공하려는 시도라고 말할 수 있다. 바빙크의 인생은 그가 다양한 학문적, 정치적, 문화적, 교회적 사역에 여실히 몰두하고 있는 동안 하나님의 섭리 가운데 예상치 못한 마지막을 맞이했다. 그는 레이우아르던(Leeuwarden)에서 열린 개혁교회 총회에서 장중한 연설을 마친 후에 갑작스런 심장마비로 고통을 겪었는데 처음에는 어느 정도 나아졌지만 결코 완전히 회복하지 못했다. 오랫동안 병석에 누웠던 바빙크는 1921년 7월 29일 주님의 품에 안겨

---

4) 헨리 엘리아스 도스커(Henry Elias Dosker), 「헤르만 바빙크(Herman Bavinck)」, 『프린스턴 신학 리뷰(*Princeton Theological Review*)』 1922년, 20호, 457-458쪽.

잠이 들었다. 바빙크를 심방하며 기록된 가슴 아픈 기억들 중에서 죽음이 두렵지 않은가 하는 질문에 그는 이렇게 답했다: '내가 쓴 교의학이나 내가 쌓은 지식도(죽음 앞에서는) 아무런 소용이 없지만, 내게 있는 믿음 속에서 나는 모든 것을 가졌습니다.'[5]

바빙크 신학의 주요 특징

바빙크와 같은 인물이 지닌 면모를 파악하기가 쉽지 않다고 할지라도, 그가 쓴 작품과 그에 대한 전기로부터 드러나는 인물됨을 살펴보면 그가 놀랄 만큼 탁월한 재능을 지닌 동시에 조심스럽고 겸손한 면모를 갖춘 학자라는 것이다. 심지어 그는 그와 다른 견해를 강하게 주장하는 사람들의 생각을 다룰 때에도, 보기 드문 예의와 존경심을 갖추고 논쟁에 임했다. 바빙크는 다른 신학자들의 관점과 최종적으로 일치할 수 없는 경우에조차도, 가능하다면 어느 곳이든지 그들의 표현 가운데 부분적인 진리가 있을 때에는 그것을 부정하지 않았다. 결과적으로 볼 때, 비록 그가 개혁주의 신학자로서 가지는 확신 가운데 타협에 이를 수는 없었을지라도, 그가 가진 신앙고백적 입장에 동조하지 않는 동시대인들에게서도 종종 존경을 받았다.

신학자로서 바빙크의 작품에는 몇 가지 눈에 띄는 점이 나타난다. 이런 특징들 가운데 하나는 우리가 그의 인품에 대해서 묘사한

---

5) 위의 책, 459쪽.

것, 곧 다른 사람들의 관점을 대할 때 그의 공감하는 자세를 반영해준다. 바빙크는 그가 쓴 모든 작품에서 대안적인 입장을 제시할 때는 매우 세밀한 관심을 기울였다. 그는 반대되는 입장을 비판적으로 다루기 전에도, 가능하면 그 입장을 가능한 한 최선을 다해 조명하고 서술하는 일에 심혈을 기울였다. 그는 또한 성급하게 결론에 도달하려는 유혹도 물리쳤다. 일례로, 바빙크는 『개혁교의학』에서 교회사 전반에 두루 나타나는 신학적 주제들을 논의하는 일에 특히 정통하였음을 입증했다. 어느 한 가지 주제를 논의할 때면, 역사 전반은 물론 여러 신앙고백적 교회들 (개신교, 로마 가톨릭 혹은 동방 정교회를 막론하고) 가운데 드러나는 다양한 관점들에 대해 두루 설명하였다. 그는 어느 특정한 주제에 대하여 철저하게 성경적이고 역사적이며 신앙고백적인 논의를 거친 후에야 비로소 자신만의 결론에 도달하였다. 그러나 이렇게 극도로 세심하고 보편성을 추구하는 학문성과 최선을 다하는 연구 및 한 질문에 대해 가능한 모든 답을 고려하는 것과 같은 특징들은 바빙크의 교의학이 현대 개혁주의 신학자들의 지속적인 모델이 될 수밖에 없는 이유를 잘 설명해준다.

세 가지 핵심 주제들

개혁주의 신학자로서 바빙크의 작품을 폭넓게 아우르는 세 가지 주제들이 나타난다. 첫째, 그가 스톤 강좌에서 다루었던 주제인 계시 철학(Philosophy of Revelation)이다. 바빙크는 하나님의 계시에 대한 역사적 교리를 철학적이고 비판적인 방법으로 내리누르는 공격에 직면하여 그의 전 생애 동안 삼위일체 하나님의 실재에 대한 일관된 확신을 갖고, 하나님께서는 창조와 구원의 모든 역사 가운데 자신을 계시하는 분이시며 구약과 신약 성경 속에서 창조와 구원의 계시를 아로새겨 보여주시는 분이심을 보여주는 일에 매진했다. 개혁주의 신학은 마치 교회를 세우는 것과 같이 하나님의 자기증언과 예수 그리스도 안에서 나타내신 그분의 은혜라는 토대 위에 지어져야 한다.

둘째, 바빙크는 교회와 기독교 신앙의 보편성(Catholicity)을 강조하였다. 학문의 영역이든지 다른 영역이든지 모든 진리는 창조와 구원이라는 하나님의 사역에 대한 지식으로부터 나온다. 따라서 개혁주의 신학은 학문성의 추구를 회피하거나 교육을 불신앙에 내맡겨버리는 지엽적이고 편협한 정신의 희생물이 되어서는 결코 안 된다.

마지막으로, 바빙크의 신학 작품을 널리 아우르는 주제는 그가 동시대 학자들과 충분히 공유한 한 가지 사실, 곧 '은혜가 자연을 완성한다(Grace perfects nature)' 혹은 더 낫게 표현하자면 '구원은 모든 창조의 회복과 완성을 포함한다'는 생각에 있다. 삼위일체 하나님의 구원 사역의 목적은 예수 그리스도의 사역을 통한 새로운 인간성의 재창조에 있는 것일 뿐만 아니라 창조세계 전체를 위한 하나님의 목적의 실현에 있는 것이기도 하다. 바빙크는 카이퍼처럼 모든 생각을 그리스도에게 집중해 순종하도록 하는 일을 추구하지 않는 학문에는 만족할 수 없었다. 그는 하늘과 땅의 모든 것들을 순종하게 만드시는 그리스도와 그의 안에 있는 진리로부터 분리 가능한 어떤 차원의 진리가 존재한다는 생각에도 전혀 찬성할 수 없었다.

위와 같은 주제들은 바빙크의 『개혁교의학』의 일반적인 개요로서 북미 대륙의 유명한 신학자들인 코닐리어스 밴틸(Cornelius Van Til)과 루이스 벌코프(Louis Berkhof)에게 심오한 영향을 미쳤다.

바빙크의 신학이 그의 개인적 전기와 일치하는 일종의 이원성을 반영한다는 점은 어느 정도 개연성이 있다. 바빙크는 1834년의 분리파 교회의 충실한 후손인 동시에 네덜란드에서 가장 자유주의적인 레이던 대학에서 공부하는 길을 의도적으로 택한 학자이기도 하다. 한편으로 그는 성경의 권위와 그에 종속된 기준들이나 개혁교회의 신앙고백들을 충실하게 붙들고자 노력했다. 다른 한편으로, 그는 현대 신학의 학문적 성과와 문화의 최고의 산물을 널리 탐구하고 공감하면서 다루었다. 이런 관점에서 볼 때, 바빙크를 '두 세계 사이에 있는 사람'으로 묘사할 수도 있을 것이다.[6] 그러나 바빙크의 삶에 나타나는 이런 이원성을 과장할 수는 없는 이유는 신학이라는 학문의 영역에 있어서도 모든 그리스도인들의 삶이란 '세상 안에 있으나 거기에 속하지 않은 사람'이라는 불가피한 모습을 표현하고 있기 때문이다.

---

6) 존 볼트(John Bolt), 편집자 서문, 『개혁교의학』 1권 12쪽(Editor's Introduction, in Bavinck, *Reformed Dogmatics*).

믿음의 확실성: 작품의 형성 및 해설[1]

헹크 반 덴 벨트(Henk van den Belt)

1. 작품의 형성 과정

바빙크는 『믿음의 확실성』을 1901년에 출판하였다. 그러나 그는 이 소책자의 원고를 이미 출판되기 10년 전인 1891년에 작성하였다. 바빙크 문서보관소(Archive)에는 두 가지 버전으로 된 강연 원고가 보관되어 있다. 이 원고의 네덜란드어 제목은 'De zekerheid des geloofs'이며, 각각 50쪽 분량의 작은 공책으로 되어 있다. 첫 번째 버전은 총 14,150단어로 두 번째 버전의 총 13,180단어보다 조금 더 긴 분량이지만, 두 번째 버전이 이후에 소책자로 출판된 『믿음의 확실성』과 형식이나 내용 면에서 훨씬 더 가깝고 유사하다. 두 원고 사이에 나타나는 약간의 변화, 그리고 강연용 원고와 1901년에 출판된 소책자

---

1) 이 글은 네덜란드 흐로닝언 대학교 신학부의 헹크 반 덴 벨트 교수가 기고한 「헤르만 바빙크의 1891년 믿음의 확실성에 대한 강의(Herman Bavinck's Lectures on the Certainty of Faith, 1891)」, 『바빙크 리뷰(Bavinck Review)』, 2017년, 35-63쪽의 일부(35-43쪽)를 저자의 공식적인 허락을 받고 편역한 것이다. 역자 주.

사이의 차이점을 살펴보면, 그의 경력 초기에 출판된 작품들이 그리 많지 않음을 감안할 때 캄펀 신학교 교수로 재직하던 당시 바빙크의 초기 사상을 들여다볼 수 있는 중요한 자료라고 할 수 있다.[2]

바빙크가 쓴 일기들과 두 번째 원고의 겉장에 기록한 메모를 보면 그가 1891년 1월부터 3월까지 이 원고를 가지고 네 번에 걸쳐 각 각 다른 장소에서 강연을 했음을 알 수 있다. 그는 첫 번째 원고를 맨 처음 강연에서만 사용했다(1891년 1월 29일 목요일, 흐로닝언Groningen 주, 베딤 Bedum 기독 개혁교회), 1891년 1월 29일과 2월 13일 사이에 바빙크는 강 연 원고를 다시 고쳐 썼고 다음 번 세 차례의 강연에는 분명히 새 원고 를 사용했다.

바빙크가 쓴 일기에는 다음과 같이 기록되어 있다: '1월 29일 베딤행. 오늘 저녁 나는 교회에서 믿음의 확실성에 관해 강연했다.'[3] 바빙크는 그 다음 번 강연에서 두 번째 원고를 사용했다. 일시와 강 연 장소는 1891년 2월 13일 아른험(Arnhem)이란 도시에서 열린 모임

---

2) 이 당시 바빙크의 대표작인 『개혁교의학(Reformed Dogmatics)』은 아직 출판되 지 않았다(1895-1901년 출판). 1880년에 출판한 박사학위 논문인 「츠빙글리의 윤 리학(Ulrich Zwingli's Ethics)」과 라틴어판 『레이던 신학 통론(Synopsis Purioris Theologiae, 1881년)』, 「다니엘 샹트피 드 라 소세여의 신학(Theology of Daniel Chantepie de la Saussaye, 1884년)」, 그리고 오직 두 개의 강연인 「거룩한 신학의 과학(The Science of Sacred Theology, 1883)」과 「기독교와 교회의 보편성(The Catholicity of Christianity and the Church, 1888년)」만이 출판된 작품의 전부였다. 확실성에 관한 두 버전의 강연 원고는 기독교 신앙의 토대와 확실성이라고 하는 바빙 크에게 있어서 매우 중요한 주제와 함께 그의 신학 사상의 발전에 대해 우리에게 중요 한 정보를 알려준다.

3) 『일기(Dagboekjes)』, 1871-1891년, 바빙크 문서보관소(Archief-H. Bavinck, HDC), 소장번호 346, 등재번호 16.

이었다. 그 다음 주 수요일에 바빙크는 자신의 약혼녀인 열세 살 연하의 요하나 아드리아나 스히퍼르스(Johanna Adriana Schippers)와 친구 마르턴 노르체이(Maarten Noordtzij)를 동반하고 캄펀을 경유해 플라르딩언(Vlaardingen)이라는 곳에 가서 강연을 했다. 그것은 '성경과 함께하는 학교를 위한 회의(Council for Schools with the Bible)'였다.[4] 바빙크가 수정한 원고로 두 번째 강연을 한 곳은 암스테르담이었다. 그는 이 원고의 표지에 '암스테르담(H.d.C.), 2월 20일'이라고 썼다. 이 강연은 헨드릭 드 콕(Hendrik de Cock)이 주최한 모임으로 암스테르담에 있는 기독 개혁교회 출신의 학생회를 대상으로 한 것이었다. 이 학생회는 두 개의 지역 모임으로 구성되어 있었는데, 암스테르담과 레이던 지역의 학생들이 주축을 이루었다. 두 모임은 1905년에 '종교개혁 연구 모임(Societas Studiosorum Reformatorum, 약칭 S.S.R.)'으로 발전되었다. 이 학생회는 1886년에 결성되었고 바빙크는 1888년부터 명예 회원 자격을 부여받았다. 바빙크는 이 학생회의 5주년 기념회에서 한 명의 강사로 초대받아 믿음의 확실성에 대해 강연을 했다. 암스테르담 지역 학생회는 1889년에 열 두 명의 회원으로 출발했다. 이 주일에 한 번씩 토요일과 주일 저녁에 회원들 중 한 명의 집에서 모임을 가졌다. 회원들 중에는 바빙크의 남동생인 디뉘스 바빙크(Dinus Bavinck)와 요한 바빙크(Johan Bavinck)도 있었다. 그의 형제들을 비롯하여 모든 학생들이 신학 교수인 바빙크를 친근하게 '헤르만(Herman)'이라고 불렀다. 두 번째

---

4) 『일기(Dagboekjes)』, 1871-1891년, 바빙크 문서보관소.

강연 원고에 언급된 세 번째와 네 번째 강연 장소는 베딤에서 그리 멀지 않은 아핑에담(Appingedam)이었다.

바빙크가 자신의 강연 원고를 수정하기로 결심한 이유는 확실하지 않다. 아마도 아른험과 암스테르담에서 각각 강연을 듣는 청중들의 수준이 달랐기 때문인 것으로 보인다. 처음 강연을 했던 베딤에서는 지역 교회를 대상으로 한 것이었고, 두 번째 강연 장소인 아른험은 더 많은 청중들을 대상으로 했으며, 세 번째 장소인 암스테르담은 좀 더 짧은 강연 시간을 요구하는 학생들이 대상이었다. 두 원고 사이의 특별한 차이는 바빙크가 첫 강연의 형식에 완전히 만족할 수는 없었기 때문인 것으로 보인다.

2. 작품 해설

『믿음의 확실성』은 바빙크의 전체 작품집에서 특별한 위치를 차지한다.[5] 목회적인 논조로 시작하면서도 그 초점은 믿음의 생명력

---

5) 이 책은 1901년 12월 『개혁신학을 위한 잡지(*Tijdschrift voor gereformeerde theologie*)』의 이슈로 실린 동시에 따로 분리된 소책자 *De zekerheid des geloofs* (Kampen: Kok, 1901) 형식으로도 출판되었다. 바빙크는 1903년에 이 책을 다시 편집하였다. 세 번째 판은 1918년에 약간의 수정을 거쳐 출판되었다. 그의 사후에 나온 네 번째 판은 1932년에, 다섯 번째 판은 정확한 연도가 불분명하지만 세 번째 판의 본문을 그대로 따르면서 출판되었다. 이 마지막 판은 영어권에서 *The Certainty of Faith* (trans. Harry Der Nederlanden, St. Catharines, Ont.: Paideia Press, 1980)로 번역되어 출판되었다. 이 번역판은 1998년에 동일한 제목으로 다시 출판되었다(*The Certainty of Faith*, Potchefstroom: Potchefstroomse Universiteit vir Christelike Höör Onderwys, 1998).

에 관련된 질문들에 집중되어 있다. 바빙크는 이 질문들에 대한 답을 근본적인 의심 – 그는 의심을 19세기의 '영혼의 질병'이라고 불렀다 – 이라는 특징을 띠는 자신의 동시대 문화를 살펴보는 가운데 찾는다.(38쪽) 그는 믿음의 확실성을 어떻게 정의할 수 있으며, 그것을 추구해온 온 인간의 역사 및 믿음의 확실성을 발견할 수 있는 방식은 무엇인지를 보여주고자 한다.

바빙크는 믿음의 확실성에 대한 논의를 확실성에 대한 역사적 이해와 과학적 확실성의 개념을 비교하면서 시작한다. 그는 우리 영혼의 가장 깊은 종교적 필요성은 하나님이 존재하신다는 것과 그분이 우리의 하나님이라는 사실에 있다고 주장한다. 인류는 언제나 확실성을 추구해왔으며, 모든 종교는 영원한 구원에 대한 열망으로부터 태어나고 존속한다. 과학은 확실성에 대한 우리의 갈망을 만족시킬 수 없다. 궁극적인 확실성의 신비를 연구하고 삶의 실재 속에서 그것의 가치를 평가하는 것은 신학의 임무이기 때문이다.(49쪽)

확실성은 진리와 동일한 것이 아니다. 바빙크는 진리를 사고와 실재 사이의 일치, 곧 우리 의식의 내용과 지식의 대상 사이의 관계라고 정의한다. 확실성은 관계가 아니라 인식하는 주체의 상태이자 그 지식의 대상 안에서 영혼이 완전히 안식하는 것이다.(52쪽) 믿음의 확실성이 모든 형태의 과학적 확실성과는 다른 이유는 우리의 가장 깊은 확신은 증명이나 증거로부터 나올 수 없기 때문이다.

바빙크는 믿음의 확실성의 뿌리는 매우 깊다고 본다. 어린 시절에 우리의 의식은 우리가 자라나는 환경 속에 있는 종교적 관념과 결합되어 있다. 따라서 믿음의 확실성은 일반적으로 어린 시절에 생겨난다.(57쪽) 이런 종류의 확실성은 객관적인 의미에서 볼 때는 과학적 확실성에 비해서 더 약하다. 과학적 확실성은 합리적 근거에 의존하지만, 믿음의 확실성은 계시와 권위에 의존하는 동시에 믿음의 열매를 맺는다는 점에서 차이가 난다. 그러나 믿음의 확실성이 지닌 주관적 힘은 과학적 확실성의 힘보다 훨씬 더 강하다. 종교적 확신은 우리 마음에 뿌리를 내리고 있기 때문에 모든 종류의 확신들 중에서 가장 깊고 본질적이다. 믿음의 확실성은 우리 영혼에 완전한 안식과 가장 고상한 자유를 선사한다.(65쪽)

바빙크의 두 번째 논의는 믿음의 확실성을 어떻게 하면 얻을 수 있는가 하는 질문에 대해 주어진 다양한 답을 역사적으로 고찰하는 것이다. 그는 비기독교적인 이방 종교들, 로마 가톨릭, 종교개혁, 개신교 정통주의, 경건주의, 감리교, 모라비아 형제단 등에서 나타나는 확실성에 대해 설명한다. 그는 믿음의 생명력이 여러 방향으로 뻗어 나갔기 때문에 이같이 다양한 접근 방식들은 커다란 불확실성을 초래하는 것이라고 본다. 게다가 믿음의 확실성은 인간이 보이지 않고 영원한 것들에 대한 확실한 지식을 얻을 수 없다고 주장하는 현대 철학의 영향을 받았다고 한다.(89쪽)

세 번째로 바빙크는 참된 확실성으로 이끄는 방법이 무엇인지의 문제와 씨름한다. 그는 종교와 신앙 안에서 우리는 모든 종교가 호소하는 신적인 계시 안에서만 안식할 수 있다고 말한다. 이것은 우리가 참된 신적 권위를 어디서 찾아야 하는가와 관련해서 더욱 어려운 문제를 제기한다. 믿음의 문제에서 중립을 유지할 수 있는 사람은 없기 때문에 이 문제를 추상적인 방식으로 풀기는 불가능하다.(98쪽) 바빙크는 비록 많은 사람들이 기독교로부터 등을 돌린다고 해도 기독교의 종교적이고 도덕적인 구조는 여타 종교에 비해 월등하다고 논증한다.

바빙크는 기독교의 진리를 설득력 있게 증명할 수 있는 방식은 무엇인가 하는 질문에 대한 답으로 두 가지, 곧 객관적인 증명과 종교적 감정 안으로의 주관적인 후퇴라는 대안을 소개하지만 받아들이지 않는다. 그는 그리스도인이 믿음을 지지하기 위한 목적으로 말할 수 있는 것을 증명하는 것이 틀렸다고 생각하지는 않지만, 증거들은 제한적인 가치를 지니므로 누군가가 이것을 통해 믿도록 만들기에는 부족하다고 본다.(103쪽) 그런데 경험으로부터 시작하는 방법도 믿음의 확실성에 이르기에는 역부족이다. 하나님의 계시가 종교적·윤리적 내용을 가지며 기독교 신앙이 우리 마음에 다양한 정서를 불러일으키는 것은 사실이지만, 이 모든 정서적 경험이 믿음을 전제하게 된다면 믿음의 근거가 되기는 사실상 불가능하다. 바빙크는 종교적 정서로부터 진리에 이르는 결론을 도출할 수는 없다고 본다. 경험적 방법은 계시의 내용을 경험에 의존하게 만들며 결국에는 모든 객관적 진리를 잃게 될 위험을 감수하게 된다.(119쪽)

마지막으로, 바빙크는 자신이 직접 대안을 제시하면서 결론을 맺는다. 그는 복음이 선포되고 인간을 믿음과 회개로 부른다는 사실로부터 논의를 시작한다. 이 사실은 하나님의 작정에 달려 있다.(120쪽) 더욱이 복음은 인간의 마음에 도덕적인 방식으로 호소하고 인격 전체를 향해 선포된다. 이것은 인간이 죄인이라는 것만을 전제로 하며, 믿음과 회개라는 방식을 통해서 구원을 약속한다. 복음은 두 가지 측면에서 완전한 종교의 관념에 일치한다. 한편으로 복음은 은혜의 기쁜 소식이다. 다른 한편으로 복음은 하나님께서 은혜로 주시는 선물을 인간이 받아들이도록 도덕적 선택에 직면하게 한다.(123쪽) 기독교는 최고의 선은 하나님과의 교제에서 발견되며 믿음은 영혼을 하나님께 다시 붙들어 맨다는 것을 가르친다. 믿는 사람들은 모두 믿음과 구원을 하나님께만 돌리지만, 이 일의 기원은 신비에 싸여 있다. 믿음은 가장 고상한 영적 능력의 활동이므로 하나님의 가장 탁월한 사역이자 은사이다.

믿는 사람은 바로 이 중심으로부터 성경을 통해 사도들과 선지자들의 증거를 계시하는 진리 전체에 연합되어 있다. 이러한 연합은 신비한 특성을 지니고 있다.(128쪽) 성경은 과거에 일어난 사건들에 대한 이야기 그 이상의 것이다. 그것은 우리를 믿음과 회개로 부르시는 하나님의 증언이다. 믿는 사람은 믿음의 행동을 통해서 그리스도는 물론 성경이 그리스도에 대해 증언하는 것 모두를 끌어안는다. 믿음은 객관적이고 자존적인 진리를 인식하지만 그것을 만들지는 못한다. 믿음은 이미 하나님의 말씀이라는 반석 위에 서 있기 때문이다.

바빙크는 '믿음의 확실성'을 마무리하면서 믿음이 맺는 열내에 대해 서술한다. 확실성과 확신은 감사의 열매를 맺는 데에 필수적인 것들이다. 경험과 선행은 믿음의 진리를 결코 미리 증명할 수 없다. 믿음이 먼저 오지 않는다면, 진정한 경험과 참된 선행도 따라올 수 없다. 믿는 사람은 하나님의 약속을 믿음으로 양자로 삼으시는 성령을 받는다.(141쪽) 우리는 믿음과 확신을 마지막에 둘 것이 아니라 구원의 길의 시작으로 삼아야 한다. 그리스도인은 하나님의 약속에 의지하여 그분의 자녀 됨을 확신함으로써, 자유롭게 세상을 바라보며 아버지로부터 내려오는 모든 좋은 은사를 향유할 수 있다. 그리스도인의 생각과 행동은 그리스도와의 교제 안에 있는 종교적 생명의 핵심으로부터 흘러나온다. 영적인 삶은 가정과 사회, 직업과 정치, 예술과 과학의 모든 영역을 포함한다. 믿음은 우리가 지상에서 맡은 소명을 하나님께 대한 섬김으로서 성취할 수 있는 힘을 더해준다. 그리스도인은 하나님과의 화목을 통해서 만유와의 화목에도 이르게 된다. 그리스도인이란 말의 온전하고 참된 의미로 볼 때, 그는 모든 선한 일을 하도록 온전히 준비된 하나님의 사람이다.(147쪽) 그리스도인에게는 사나 죽으나 그리스도를 얻는 것 외에는 아무것도 없기 때문이다.

HERMAN
BAVINCK

1장
확실성의 상실

1장
확실성의 상실

프랑스 혁명(1789년)을 정점으로 하여 그 이전의 시대와 그 이후의 시대는 여러 가지 면에서 매우 다르다.[1] 이 엄청난 사건으로 인해서 모든 나라와 국민의 삶과 사고에 근본적인 방향의 변화가 일어나 역사적 흐름의 연속성이 산산이 깨져버렸다. 우리 자신을 지난 시대의 삶과 사고 속에 투영시켜 보는 것은 가능함에도 불구하고 실제로는 상당히 어려운 일이 되고 말았다. 지나간 시대가 권위와 객관성의 시대였다면, 우리 시대는 주체(subject)가 인간 실존의 모든 측면에서 자신의 자유를 선언하고 자신의 권리를 주장하는 시대가 되었기 때문이다.

일반적으로 인정되듯이, 종교개혁은 믿음으로부터 출발함으

---

1) 바빙크는 프랑스 혁명이 자유, 평등, 박애를 강조하면서 구시대 질서(앙시엥 레짐)를 무너뜨린 동시에 유럽에서 로마 가톨릭 교회 및 개신교 교회가 무너진 것을 염두에 두고 있는 듯하다.

로써 그 이전 시대에서 삶의 모든 영역을 포괄했던 권위에 굉장한 치명타를 날렸다. 종교개혁에 있어서 믿음의 주체는 자칭 무오류를 주장하는 교회의 억압적 권위에 대항하였고, 오래된 전통의 고통스러운 멍에를 과감히 벗어버렸다. 그럼에도 불구하고, 종교개혁의 원리를 살펴보면 그리스도인들은 구약과 신약성경으로부터 자신들에게 주어지는 하나님의 말씀에서 벗어나지 않았다. 개신교에서 하나님의 말씀의 권위는 처음부터 흔들리지 않는 것이므로 그것에 대해 의심을 갖는 사람은 거의 없었고, 심지어 그런 의심은 마음속에도 없었다. 믿음이 있었고 또한 확실성이 있었기 때문이다. 아무도 이러한 믿음의 궁극적 근거이자 확실성의 가장 깊은 토대에 대해 따져볼 필요성을 느끼지 않았다. 사람들은 진리의 소유를 확신했으며, 따라서 믿음에 근거하여 저술된 작품들에 대해 의문을 제기하지 않았다. 이처럼 생생하게 종교적 삶을 살아가는 시대의 사람들은 자신의 소망의 근거를 의심을 가지고 따지지 않는다. 그들은 바리새인들처럼 말하지 않고 권위를 지닌 사람처럼 말할 것이다.[2]

그런데 18세기 중반에 접어들면서 상황이 점점 달라지기 시작했다. 주체가 자신의 자리를 찾아 들어온 것이다. 주체는 자신에게 참되거나 그에 상응하는 권리가 있음을 의식하게 되었으며 자신을 과거에 붙들어두었던 속박을 점점 파괴시켜 나갔다. 주체는 자유를 무

---

2) 예수께서 이 말씀을 마치시매 무리들이 그의 가르침에 놀라니 이는 그의 가르치시는 것이 권위 있는 자와 같고 그들의 서기관들과 같지 아니함일러라(마 7:28-29)

한한 의미로 파악하면서 과거에 거룩하다고 여겨진 모든 것들로부터 벗어났다. 인식과 복종을 요구하는 모든 권위는 주체가 던지는 근본적인 질문에 먼저 답해야 했다: 너는 도대체 무슨 권리로 나의 순종을 요구하는 것인가? 비판적인 이성이 잠에서 깨어나 모든 권위의 근거에 대해 살펴보기 시작했다. 천진난만하고 단순하며 어린이 같은 믿음은 모두 사라져버렸다.

이제 의심은 우리 시대의 질병이 되어버렸고, 그와 더불어 도덕적 문제와 병폐를 가져왔다. 최근에 많은 사람들은 자신들의 눈에 보이는 것들에만 신경을 쓴다. 따라서 그들은 물질을 신격화시키고 맘몬을 숭배하거나 권력을 찬양한다. 지금도 여전히 기쁜 열정과 온전한 확실성을 가지고 용감하게 자기의 믿음을 고백하는 사람들은 상대적으로 소수에 불과하다. 가족, 세대, 집단, 계층과 같은 사회적 단위들은 모든 권위에 등을 돌리고 돌아섰으며 자신들이 지녔던 믿음을 저버렸다. 심지어 자신을 가리켜 아직도 신앙인이라고 부르는 사람들 중에 얼마나 많은 사람들이 강압적이고 부자연스러운 신앙 속으로 그들이 가진 용기를 바싹 죄어 넣어야 하는가? 습관, 게으름 혹은 정신적 결핍의 결과로서 믿는다고 말하는 사람들은 또한 얼마나 많은가? 과거를 되살리려는 불건전한 시도나 잘못된 길로 이끄는 보수주의에 의해서 행동하고 있는 사람들도 얼마나 많은가? 여러 가지 목소리와 다양한 사조가 존재하지만, 뜨겁고 의로우며 신실한 믿음에서 나오는 올바른 정신과 열의는 그리 많지 않다.

무엇보다도 이런 현상은 신학자들에게서 여실히 드러난다. 신학자들이야말로 가장 의심이 많은 동시에 모든 집단 가운데 가장 우유부단한 축에 속한다. 그들은 많은 질문과 의심과 비평을 던지는 사람들이다. 그러나 우리가 다른 어느 누구보다도 신학자들에게 기대하는 것들은 일치된 견해, 일관성 있는 방법론, 믿음의 확실성, 그들에게 있는 소망의 이유를 설명해주는 열심과 같은 것들이지만, 이런 특징들을 보려는 시도는 종종 헛된 일이 되고 말았다.

이러한 현상은 단지 신학의 몇몇 학파에만 국한되지 않는다. 자신들의 머리를 모래 속에 묻어버리지 않고[3] 인간의 정신이 벌이는 거대한 전투에 참가하는 모두가 이것에 관계된다. 이런 점에서 믿음의 권리와 확실성의 근거에 관한 질문은 실제 생활뿐만 아니라 학문의 전당인 대학에 있어서도 가장 핵심적인 질문이다. 기독교 신앙이 그 실질적 내용을 제한하고 가능한 모든 문제를 다루는 데서 더욱 후퇴할수록, 또한 기독교 신앙이 하나의 엄격한 토대를 구축하는 일에 몰두한 나머지 그 토대가 되는 원리들로부터 다른 모든 것을 논리적으로 끌어내게 될수록, 그 내부로부터 더욱더 약화되고 분열하고 말 것이다. 이런 영역에서 방향을 찾으려고 노력하는 사람들은 뒤죽박죽한 선택지와 견해들에 부딪히게 될 것이다.

그럼에도 불구하고, 기본적인 원리에 관련된 영역을 매우 치밀하게 연구하는 것은 믿음과 신앙생활에 있어서 반드시 필요하다. 왜

---

3) 타조가 궁지에 처하면 모래에 머리를 처박고 움직이지 않는다고 한다.

냐하면 우리가 가진 믿음의 근거, 우리가 받은 구원의 확실성, 영원한 생명에 대한 우리 소망의 확고함에 관한 문제들보다 더 중요한 것은 없기 때문이다. 만약 우리 인생의 유일한 위로가 무엇인가에 대한 질문[4]에 대답할 수 없다면 지식, 권력, 명성, 영예와 같은 것들이 무슨 유익이 있겠는가?

그러므로 우리가 탐구해야 할 영역은 거룩한 땅으로 그 경계가 설정된다. 왜냐하면 그곳은 경외함으로 들어가야만 하는 곳이기 때문이다.[5] 여기서 우리는 인간 마음의 가장 심오하고 본질적인 영역에 다다른다. 이곳은 다른 어느 곳보다도 어린아이와 같이 겸손한 정신이 필요한 동시에 종교적 삶을 내적 본질로부터 이해하고 그것을 모든 거짓과 오류로부터 깨끗하게 만들기 위하여 솔직하고 편견이 없는 태도를 요구한다. 믿음의 확실성을 얻기 위한 길로 나아가기 위해서는 지혜롭고 신중해야 한다. 먼저 우리가 해야 할 것은 믿음의 확실성이 무엇을 말하는 것인지, 그리고 사람들이 그것을 얻고자 추구했던 여러 가지 방법은 무엇인지를 고려하는 것이다.

---

4) 바빙크는 하이델베르크 요리문답(Heidelberg Catechism)의 제1문, '살아서나 죽어서나 당신의 유일한 위로는 무엇입니까?'를 암시하는 것으로 보인다.

5) 바빙크는 존 칼빈의 『기독교 강요』 1권 2장 2절, 하나님을 아는 지식은 두려움과 경외라는 진술을 가리키는 것으로 보인다.

HERMAN
BAVINCK

2장
확실성이란 무엇인가

2장
확실성이란 무엇인가

믿음의 확실성은 과학적이고 신학적인 문제일 뿐만 아니라 실천적이고 종교적으로도 중요한 문제다. 그것은 신학자의 관심사로만 끝나지 않고 평신도의 삶과도 관련을 맺고 있기 때문에 연구실에만 한정되지 않고 우리가 살고 있는 집에서도 가능하다. 믿음의 확실성은 이론적이며 학문적인 문제로 머물지 않고 삶과 실천의 문제 가운데 하나로 굉장히 중요하다.

아무리 악하고 타락한 사람일지라도 때로는 자신의 인생에 있어서 진지한 열정을 품게 되는 때가 있다. 모든 사람들은 가끔씩 인생의 신비, 죽음의 권세, 심판의 공포 혹은 주님에 대한 두려움에 사로잡힐 때가 있다. 이것에 대해 누군가 다음과 같이 표현했다: "행복은 우리를 이교 신앙으로 인도하지만, 고통은 우리를 그리스도께로 이끈다." 우리 내면에 깃든 술 취한 것 같이 혼탁한 의식이 쇠약해지고, 행복이 주는 만족감이 무뎌져서 우리의 양심이 깨어나며, 인생의 신비나 고난이 주는 아픔에 우리가 압도당할 때, 비로소 우리 모든 사람은 죽음과 무덤, 최후 심판과 영원에 대해 의식하게 된다. 그 때는 아무도 이런 일에 대해 무관심하다고 주장할 수 없고 중립성이라는 방패 뒤로 숨을 수도 없게 된다. 이런 측면에서 볼 때, 사람들이 생각하는 경향은 때때로 우리가 생각하는 것보다 더 나아 보인다. 그들 중에 무신론자는 없으며, 마음이나 양심이 결여된 사람도 없다. 더 정확히 표현하자면, 하나님은 자신에 대한 증인이 없이는 존재를 드러내지 않는 분이시다. 복을 통해서든 시련을 통해서든 어떤 방법으로든지, 하나님은 모든 사람들의 양심에다가 말씀하시는 분이시다.

그러나 많은 사람들이 이 음성을 억누르려고 하고 그들의 양심을 불타는 쇳덩이로 마비시키려고 노력했다는 것 또한 사실이다.[1] 이들은 임종의 자리에서도 자신의 거짓된 확신이나 오만방자한 무관심을 고집하는 일에 매우 능숙한 사람들임이 분명하다. 그러나 역사를 살펴보면 우리가 반박할 수 없는 증거가 있다. 즉 가장 굳어버린 마음을 지닌 죄인 안에서도 인간성이 소멸되어버리지는 않았기 때문에 전능하시고 편재하시는 하나님의 음성에 응답하는 심정이 사람의 마음 깊은 곳 어딘가에 심겨져 있다는 것이다. 따라서 주님은 "악한 자에게는 평안이 없다"(사 48:22)라고 하셨다.

---

1) 바빙크는 존 칼빈의 『기독교 강요』 1권 4장에서 '하나님에 대한 지식이 무지 혹은 부도덕에 의해 질식당하고 있거나 부패되어 있다.'는 진술을 상기시켜준다.

본성적으로 볼 때, 우리 모두는 이러한 평안을 망가뜨리는 사람들이다. 자기 자신의 양심의 정죄 앞에서 흠이 없이 설 수 있는 사람은 아무도 없다. 인생 만사가 잘 풀리고 죽은 뒤에도 잘 되리라고 스스로 확신하는 사람은 아무도 없다. 구원의 확신은 우리가 대물림해줄 수 있는 무언가가 결코 아니다. 구원의 확신을 가지고 태어나는 사람은 없기 때문이다. 그것은 인간의 노력의 열매도 아니며 양심적으로 행한 책임에 대한 보상도 아니기 때문이다. 우리는 이 지구상의 보물들, 인생의 즐거움, 대중들의 칭송, 학문적 명성, 예술에 쏟아지는 갈채, 혹은 하늘 아래에 속한 모든 것 가운데서 구원을 찾으려고 헛되이 헤맨다.

우리는 편안하게 살고 행복하게 죽기 위한 목적으로, 보이지 않고 영원한 하늘 위의 것에 대한 확실성을 필요로 한다. 우리는 우리 자신이 누구이며 어디로 가고 있는가를 알아야만 한다. 우리는 자신의 인격이 큰 바다 가운데 이는 작은 물결 그 이상이라는 것, 자연 질서를 훨씬 초월하여 존재하는 도덕적 전투와 가장 높고 순결한 영혼의 이상은 환상이 아니라 실상이라는 것을 깨달아야만 한다. 우리는 자신의 양심이 정죄하는 것과 죄가 주는 중압감으로부터 어떻게 자유로워질 수 있는지를 알아야만 한다. 우리는 하나님이 *존재하시며* 그가 *우리의* 하나님이심을 알아야 한다. 우리는 하나님과 화목하게 된 것을 확신해야 하며 그래야만 죽음과 심판에 두려움 없이 다가설 수 있다. 모든 것 가운데 우리에게 가장 필요한 것은 확실성이다. 이것이 종종 무의식적으로 드러난다고 할지라노, 인간의 영혼이 가장 깊이 필요로 하는 것이다.

인류는 비록 잘못된 길과 방법으로 치우치긴 했으나 모든 시대를 통하여 확실성을 추구해왔다. 모든 종교도 그 자체로 얼마나 왜곡되었는지에 상관없이 인간에게 알려진 것 중에서 가장 고상하고 거룩한 것을 추구하였다. 모든 종교는 영원한 생명에 대한 열망에서 태어나고 그것에 의해 유지된다. 신자들은 자신들이 믿는 종교를 다른 모든 복들 가운데 최고로 여긴다. 모든 진지한 구도자는 자신의 종교만이 중심에 있고 절대적으로 필요하다고 주장한다. 그에게는 종교는 가장 깊은 본질 속에 있는 생명이다. 종교는 각 개인에게 있어서 이생과 다음 생에서 그들이 바라는 것을 얻도록 해주는 유일한 길이다. 모든 것을 통틀어서 가장 실제적이고 고상하며 참된 인생이 바로 종교의 내용과 주제이다. 그러므로 종교 안에서 우리는 우리 존재의 무조건적이고 지속적인 실존을 확신하게 된다.

과학적 진리와 종교적 진리

우리가 인생의 가장 심오한 문제들에 직면했을 때 과학은 흔히 이렇게 중대한 문제들과 갈등을 빚는 모습을 보였다. 이것은 과학의 진면목에 전혀 안 어울리는 모습이다. 과학은 때때로 그런 문제들은 소수의 사람들과 단순 무지한 사람들에게나 중요한 것으로 기꺼이 규정하였고, 정작 과학자 공동체에는 아무런 의미도 없다고 생각했다. 그러나 이런 믿음은 교만하고 헛된 망상에 불과하다. 우리는 결코 어떤 방식으로도 현대 과학이 이룩한 위대한 업적에 대해 과소평가하기를 원하지 않는다. 왜냐하면 현대 과학은 놀랄 만한 발견과 성과를 이뤄냈고, 그것은 인간의 실존에 있어서 헤아릴 수 없을 만큼 풍요롭고 편리한 삶을 가져다줬기 때문이다. 우리는 과학이 우리에게 베풀어준 자연에 대한 지식과 힘을 감사하게도 만끽하고 있다. 그러나 비록 과학이 우리의 감각과 이성에 수많은 것들을 제공해주었다고 할지라도 우리의 마음에 만족을 주지는 못한다. 고통스런 시간과 죽음을 눈앞에 둔 사람에게 자연의 정복, 문명의 행복, 과학의 승리, 예술의 향유가 무슨 유익이 있겠는가? 사람이 천하를 얻고도 자신의 영혼을 잃는다면 무슨 유익이 있겠는가?

과학이 인간 삶의 중대한 문제들을 간과하고 무심코 지나쳐버리는 것은 잘못이다. 선과 악에 대한 의식, 죄에 대한 인식, 정의와 심판, 양심의 정죄, 죽음의 공포와 하나님과 화목 같은 것들이 필요하다는 사실을 깨닫는 것은 에너지와 물질, 크기와 수량을 측정하는 것만큼이나 실제적인 것이다. 사실상, 이것은 이 세상과 인류, 생명과 역사를 지배하고 있는 너무나 중요한 실재들(현실)이기 때문에 이런 것들이 실재하지 않는 것처럼 행동하는 것은 진리에 대한 사랑이 결핍되었음을 무심코 드러내는 것이다. 이런 것들을 경멸하고 평가절하한다면 자기 자신에 대한 지식도 결핍되었음을 은연중에 보여주는 것이다.

그런 것을 낡은 이미지와 어리석은 망상으로 여겨 멀리하는 것은 상당히 피상적인 삶을 살고 있다는 인상을 준다. 만약 과학이 이 모든 놀라운 실재를 단지 꿈의 영역으로 추방해버린다면 적어도 우리는 도대체 무슨 근거로 그렇게 하는 것인가라고 질문할 권리를 갖고 있다. 우리는 과학이 말하는 대로만 받아들이는 단순한 사람이 아니다.

만약 과학이 '하나님은 존재하지 않는다, 선과 악도 없다, 심판과 형벌도 없다, 천국과 지옥도 없다'고 주장한다면, 반박이 불가능할 만큼 충분한 증거를 제시해보라고 말해야 한다. 그런데 우리는 과학이 이렇게 부정하는 대상들이 진리임을 절대적으로 확신하기 때문에 담대히 그 진리를 위해 살고 죽을 수 있다. 여기서 중요한 것은 우리의 힘으로 바꿀 수 없는 영원성의 문제이므로, 이 문제에 관한 한 우리는 견고하고 흔들리지 않는 신적인 확실성이 필요하다. 그러므로 이와 관련해서 볼 때 정확하고 엄밀하며 냉정한 자세로 과학을 비판하는 것은 매우 적절한 방법이다. 과학이 죄책감과 형벌, 죽음과 사후 세계에 대해 마음대로 말할 수 있을지는 몰라도, 우리에게 영원을 끊어질 듯이 연약한 이 거미줄(과학)에 매달아놓으라고 요구할 수는 없다. 우리의 가장 숭고한 관심사이자 영원한 행복과 불행의 문제가 위기에 봉착했을 때, 우리는 다른 어떤 것보다도 무오류한 신적 확실성에서 만족을 찾아야 한다. 거기에는 한 점 의심의 여지도 없어야 한다.

그러나 과학이 우리에게 그런 확실성을 결코 제공해줄 수 없다는 사실을 깨닫는 것은 어렵지 않다. 과학은 회의주의가 의심을 새로운 교리 속으로 끌어올린다고 반박하는 점에서 옳을 수는 있으나 광범위한 과학적 연구의 영역 그 어느 분야에서도 인간의 능력을 초월하는 결과를 내놓을 수는 없기 때문에 결국 오류 가능성이 늘 존재하는(상대적) 확실성에 지나지 않는다. 특히 이런 사실이 참으로 드러나는 경우는 과학이 종교적이고 윤리적이며 철학적이고 초감각적인 진리의 영역으로 감히 나아갈 때이다. 왜냐하면 그럴 때에 과학은 자신이 언제 어디서나 인류 전체가 강하게 고백하는 것에 부닥치는 난관에 빠졌음을 즉시 깨닫게 되기 때문이다. 모든 인간의 영혼은 과학적 이성이 제거해줄 수 없는 불안함에 둘러싸여 있다. 이런 궁극적인 문제는 학문적으로 뛰어난 자든 무지한 자든 모두에게 똑같이 일어나는 것이다. 이 세상의 가장 위대한 천재들도 이 문제와 씨름하고 싸웠다. 철학은 이 문제들로부터 출발했으며 이런 문제가 모든 종교를 낳았다.

더욱이 대중적인 의미에서 볼 때 과학이 이렇게 중대한 인간의 문제를 연구하고 해결하려고 노력하는 것은 그 자신의 권한과 능력을 벗어나는 것이다. 과학은 존재의 신비를 존중할 수는 있으나 결코 그것을 설명할 수는 없다. 정확히 말하자면, 과학이 우리에게 가장 유익을 끼치게 될 바로 그곳은 과학이 자신의 무능함을 인정하고 우리를 침묵 속에 남겨두는 곳이어야 한다. 과학은 인간의 기원과 본질, 인간의 운명에 대해서 아는 것이 없으므로, 굶주린 영혼을 잠잠하게 만들 빵이나 갈증을 채워줄 마실 물을 제공해주지 못한다. 또한 과학은 우리의 영혼에 생명을 가져다줄 말씀을 선포할 수도 없다. 앞이든 뒤든,

좌로든 우로든, 위로든 아래로든, 과학은 신비 위에 또 신비를 발견하게 될 뿐이다. 잠시 동안 연구를 해 본 다음에는 결국 우리가 필연적으로 알아야 하는 미지의 영역에 맞닥뜨리게 될 뿐이다. 이 때 과학은 자신이 들어갈 수 없는 보이지 않는 세계에 둘러싸여 있음을 알게 된다. 단 한 번만이라도 과학이 우리를 구원할 수 있으리라고 생각했던 사람들이 실망하고 뒤돌아서서 예술이나 이상주의, 인간의 신격화와 영웅숭배, 밀교적 제의와 동방 종교들 속에서 과학이 제공해줄 수 없으나 자신들의 영혼이 필요로 하는 무언가를 찾아다니는 것을 보는 일은 전혀 놀랍지 않다. 이런 사실은 단지 우리의 마음이 하나님을 찾기 위해 창조되었으며 하나님 안에서 안식을 찾기 전에는 쉼을 얻을 수 없다는 진리에서 분명히 확증된다.[2]

신학의 임무

신학은 여러 학문들 가운데 다른 어떤 것보다도 인생의 신비를 의식적으로 다루는 일을 한다. 신학은 단지 인생을 *통과하는* 길을 보여주는 데에 그치는 것이 아니라 인생으로부터 *벗어나는* 길도 보여줌으로써 인생의 흥망성쇠와 죽음의 시간에 우리가 불변하는 것들에 대해 확실성을 가질 수 있게 하는 영예로운 일을 담당한다. 신학은 우리

---

2) 바빙크는 여기서 아우구스티누스가 쓴 『고백록』 1권 1장의 '하나님 당신은 우리를 당신을 향해서 살도록 창조하셨으므로 우리 마음이 당신 안에서 안식할 때까지 편안하지 않습니다'라는 문장과 매우 유사한 표현을 쓰고 있다.

가 하나님의 품에서 안식할 수 있도록 인도해야 한다. 신학은 단지 학문적 영역에서뿐 아니라 인생의 심각한 현실-투병과 임종의 자리, 고난과 궁핍, 역경과 죽음, 죄책감에 눌린 양심, 화해와 평안에 목말라하는 마음-에 직면해서도 더욱 강력하게 그것의 권리와 진리를 증명해야 한다. 만약 신학이 이런 상황에 직면해서 무기력한 모습을 보여주고 아무런 위안을 제공해주지 못한다면, 여러 학문들 가운데서 자신에게 마땅한 자리를 주장할 가치가 없다.

일반적으로 말해서, 과학이 그 어떤 것보다도 우선적으로 위안을 주는 진리를 제공해주리라고 기대할 수 없다는 것은 분명하다. 우리는 자연과학자에게나 역사가에게 우리가 자라면서 늘 함께하고 친숙해져 있는 심상이나 개념을 사용하지 말라고 요구할 수 없다. 이렇게 실천적인 용도를 제외하고서도, 진리는 항상 영속적인 가치를 지니고 있는 것이다. 진리는 언제나 생명이며, 우리를 자유롭게 하고 관계된 모든 것을 진리의 빛으로 다스리게끔 한다.

신학은 또한 하나의 학문으로서 여러 가지 규칙에 따른다. 아무리 위로를 주기에 풍성한 요소를 지녔다고 할지라도, 진리의 시험대를 거쳐 살아남을 수 없는 것-거짓된 위안-을 진리로 선언할 수 없다. 왜냐하면 경건한 정신은 진리를 먹고 자라기 때문이다. 그럼에도 불구하고, 또한 신학에는 의학과 유사하게 여겨지는 실천적인 측면이 있다. 의사가 가진 이론적인 지식은 분명히 매우 중요한 것이지만, 의사 자신과 그가 연마한 의학이라는 학문의 진정한 가치는 오직 환자들을 치료할 때에만 진가를 발휘하는 법이다. 이와 유사하게, 신학도 영혼의 질병을 치료할 수 있는 약을 처방해야만 한다. 신학은 우리가 어떻게 그리고 무슨 방법으로 우리의 죄책에서 벗어나 하나님과 화목을 이루고, 인생의 역경 한가운데서 인내와 소망을 얻을 수 있으며, 마침내 죽음에 직면해서는 찬양을 부르게 되는 이유를 발견할 수 있는지를 말할 수 있어야 한다. 어떤 신학이 이런 것에 관여하지 않고 비판적이며 역사적인 연구에만 몰두하는 데에 그친다면 신학이란 이름에 전혀 어울리지 않는 것이다. 또한 학문적으로 지금까지 논의된 모든 주제들에 능통한 어떤 신학자라도 투병이나 임종의 자리에서 아무런 할 말도 없을뿐더러 잃어버린 죄인의 마음을 사로잡고 있는 질문에 마땅히 줘야할 답을 알지 못한다면 신학자라는 이름과 사역에 전혀 합당하지 않다.

한 번은 어떤 신학교수가 나에게 말했다. 자신이 신학을 공부하던 시절에 모든 종류의 학문적 주제들을 섭렵하게 되었지만, 오직 한 가지 질문만은 결코 받아본 적이 없었다고 한다: '내가 어떻게 하여야 천국에 가는가?' 그런데 이 질문에 대한 답은 교회와 신학이 실존할 수 있는 이유를 제공해주는 것이다. 이것은 설교와 가정 심방이 무엇인가에 대한 답이다. 현대신학이 이루어낸 업적을 우리가 평가절하하면 안 되는 이유는 그 적수들이 가진 날카로운 학문성에도 불구하고 당황스러워하지 않았다는 것에 있다. 그러나 현대신학의 무능력은 실천적 영역에서 분명히 드러났다. 설교 강단에서 그리고 가정 심방에서 인생이나 죽음에 대해 아무런 위안을 제공해줄 수 없었기 때문에 현대신학은 사라지게 되었다. 그것은 학교가 아니라 교회에서, 신학교가 아니라 설교 강단에서, 변증이 아니라 투병과 임종의 자리에서 자신의 궁색함을 여실히 드러냈기 때문이다. 우리는 역사와 경험을 통해서 언제나 신학에서 가장 기대해야 하는 것이 무엇인가를 알게 된다: 신학은 우리의 믿음의 확실성에 영양을 제공해야 한다. 그렇지 않으면, 환자는 질병에 대하여 장황설을 늘어놓을 수 있으나 그것을 치료할 수는 없는 기존의 학문으로부터 도움을 구하기보다는, 제일 먼저 자기를 치료해주겠다고 오는 엉터리 의사-아무 의사든 상관없이-에게 나아갈 것이다.

믿음의 확실성

신학에서 매우 중요한 믿음의 확실성의 문제를 통해 우리는 무엇을 이해해야 하는가? 비록 확실성과 진리가 밀접한 관계를 맺고 있을지라도 양자는 서로 동일한 것이 아니다. 진리는 사고와 실재의 일치이므로 의식의 내용과 지식의 대상 사이의 관계를 나타낸다. 그러나 확실성은 관계가 아니라 지식을 추구하는 주체가 가진 하나의 능력, 특질, 상태를 말한다. 인간의 정신은 각기 다른 진술이나 명제와의 관계 속에서 서로 다른 형태를 취할 수 있다. 인간의 정신이 그 어떤 문제에 대해서든지 전혀 아는 것이 없다면, 이것은 완전한 무관심이나 다름없을 깃이다. 만일 찬반을 가리는 문제에 있어서 참과 거짓에 관해 판단을 내릴 수 없다면, 의심의 상태에 빠져들 수도 있게 된다. 인간의 정신이 여러 이유를 막론하고 한쪽으로만 치우치게 될 경우에도 의견과 추측 혹은 확신의 다양성이 존재하는 것을 알게 된다. 그러나 정신은 또한 어떤 진술과 관련하여 완전한 확실성의 상태에 도달할 수 있다. 확실성은 정신이 그 지식의 대상 안에서 완전한 안식을 발견할 때에만 존재하는 것이다.

우리들 각자의 능력은 그것이 본성적으로 추구하는 대상 안에서 안식을 발견한다. 의지는 오직 선 안에서 안식을 발견한다. 우리의 감각은 아름다움 안에서 안식을 발견한다. 지성 혹은 정신은 오직 참된 것 안에서 안식을 얻는다. 더 심오한 방식으로 표현하자면, 지성은 오직 하나님, 곧 진리 그 자체이신 하나님 안에서 안식을 얻는다. 그러므로 오류와 거짓은 직접적으로 정신의 고유한 본성과 갈등을 빚는다. 심지어 죄로 타락한 상태에서도 정신은 오직 진리와 얼마나 닮았느냐에 따라 거짓에도 차등을 매겨준다. 그러나 오직 진리만이 정신의 필요를 만족시키고 해답을 제공해주며, 진리 안에서만 정신이 안식을 찾는다. 확실성은 안식, 평화, 행복이지만, 의심, 추측, 의견 등은 항상 어떤 정도의 불안과 걱정을 담고 있다. 건강이 신체의 조건인 것처럼 확실성은 정신의 정상적이고 자연스런 조건이다.

그러므로 진리에 대해 탐구하는 것은 훨씬 아름답고 귀중한 선물이다. 더욱 아름답고 소중한 것조차도 진리를 찾고, 즐거워하며, 진리의 빛 안에서 걷는다. 반면에, 의심은 결코 참된 인간의 조건이 아니고, 질병처럼 비정상적인 것이다. 마치 몸에 열이 나는 것이 필요하고 태풍이 몰아치는 것이 기후에 필요한 조건인 것처럼, 때로는 우리 인생을 에워싼 오류와 거짓으로 인해 의심에 빠질 때도 있다. 그러나 그 자체로 보면 의심은 항상 고통스러운 악이다. 의심하는 사람은 파도에 요동치는 물결과 같으나, 믿는 사람은 흔들리지 않는 반석과 같기 때문이다.

그러나 다른 종류의 확실성이 존재한다. 그리스 철학자들은 이미 감각에 의해 알려지는 확실성과 이성에 의해 파악되는 확실성을 구분하였다. 더 나아가서 아리스토텔레스는 후자 – 이성에 의한 확실성 – 의 영역에서 과학의 제일 원리로부터 도출되는 직접적 혹은 비매개적 확실성과 예증과 증거로부터 도출되는 간접적 혹은 매개적 확실성을 구분하였다. 이런 세 가지 종류의 확실성은 가장 냉랭한 정신을 지닌 회의주의자를 제외하고는 모든 사람들에게 인식되는 것들이다. 우리 모두는 감각으로 지각 가능한 사물들을 확실하다고 느낀다. 우리는 수학적 공리들처럼 가장 기본적이고 자명하며 증명이 불필요한 다양한 과학의 원리에 대해 전혀 의심하지 않는다. 마찬가지로, 우리는 과학에서 기존의 전제들로부터 논리적인 연역을 통해서 나왔으며 충분한 증거들에 기초하고 있는 진리들에 대해 완전한 확신을 가지고 있다.

그러나 이와 같은 종류의 과학적 확실성 외에도 또 다른 종류의 확실성이 존재한다. 그것은 믿음의 확실성이나. 사람들은 믿음의 확실성이 주는 가치에 대해서는 서로 견해의 차이를 보일 수 있으나, 믿음의 확실성이 존재한다는 것에 대해서는 의심의 여지가 없다. 심지어 철학조차도 믿음을 고려 대상에 넣어야 했기 때문이다. 독일의 철학자 임마누엘 칸트(Immanuel Kant, 1724-1804)는 경험적이고 논리적인 확실성 이외에도 도덕적 확실성(Gewissheit)을 위한 공간도 그의 사유 속에 남겨 두었다. 칸트가 이런 사유를 정립한 방식은 우리의 사고방식과는 다르지만, 가장 뛰어난 사상가 중의 한 명인 칸트를 통해서 엄밀하게 과학적인 것과는 다른 형식의 확실성인 믿음의 확실성이 있다는 것과 그것의 권리를 인식하게 되었다는 점에서 철학에 고마움을 느낄 수 있다.

실제로, 우리는 의도적으로라도 우리의 눈을 가리고 그러한 확실성의 실재성을 의심해봐야 한다. 왜냐하면 종교와 도덕의 영역에서는 확실성이 과학적 증거에 기초하지 않기 때문이다. 이성적 혹은 합리적 논증에 기초해서 하나님의 존재, 영혼의 불멸성, 중보자 그리스도, 성경의 권위 등 여러 가지 믿음의 진리를 주장하는 사람은 없다. 사람들은 과학이 위와 같은 사안들에 대해서 아무 말도 할 수 없다는 생각을 마음에 품고 있는 듯이 보인다. 그러므로 모든 고등 종교들은 계시에 기초하고 있다는 주장을 내세우며, 그 종교들 중에 오로지 합리적인 이해의 산물이라고 할 만한 것은 전혀 없다. 증거는 모든 종교 안에 있는 사실에 수반되는 것으로서, 증거는 길을 인도하는 것이 아니라 길 뒤에 남은 자취일 뿐이다. 그것은 믿지 않는 사람들을 위해 사유된 것이다.

믿지 않는 사람과 대화를 나눌 때, 믿는 사람은 '나는 믿는다, 그러므로 그것은 진리다'와 같이 자기의 주장만 내세워서는 안 된다. 그는 자기 자신만의 믿음을 위한 근거들을 찾을 것이 아니라 외부의 사람들도 더욱 받아들일 수 있고, 비판을 잠재울 수 있으며, 불신에 대한 모든 변명을 제거할 수 있는 근거를 찾아야 한다. 변증은 믿음의 열매지만, 믿음의 토대는 결코 아니다. 변증학자가 자신의 믿음을 선언하고 확증하기 위해 찾는 논증들을 보면 종종 논리나 근거가 빈약하다. 이런 근거들 위에서 논증을 할 경우, 모래 위와 같이 매우 취약한 토대에 집을 짓는 셈이 된다. 그러나 믿음의 확실성은 사실에 따라가는 논증(after-the-fact reasoning)보다 훨씬 깊은 데에 뿌리를 내리고 있다. 우리는 가장 깊은 확신과 세계관 및 인생관을 과학적 설명의 방식에 따라 확립하고 주장하지 않는다. 그런 것은 지성이나 의지의 산물이 아니기 때문이다. 그런 신념은 더욱 깊은 곳, 즉 우리 영혼, 우리 마음의 심층부에 있는 것이다. 신념은 인간 자신의 일부이다. 다시 말하자면, 그것은 인간의 본질의 일부이다. 그것은 인간 자신이며, 그가 태어나고 성장하는 동안 특정한 환경에서 형성되었다. 철학자 피히테(Johann G. Fichte, 1762-1814)는 한 인간이 선택하는 철학은 미래에 그가 어떤 인물이 될지를 결정하는 것이라고 말했다. 따라서 인간의 사고가 형성되는 것은 인간의 마음의 역사와 다름없다.

확실성의 기초인 증언

확실성은 넓은 의미에서 볼 때 이미 도덕적인 측면을 갖고 있는데, 이것을 더 나은 방식으로 믿음의 확실성이라고 부를 수 있다. 그런데 이것은 어디에서 유래한 것인가? 누군가가 앉아서 자신의 도덕적 본성에 대해 성찰하는 동안 일종의 추상적인 교리들이 요청된다는 것을 말하는가? 물론 그런 것은 아닐 것이다. 일반적으로 믿음의 확실성은 어린 시절부터 생겨나는 것으로서, 우리의 의식은 믿음을 통해서 어떤 특정한 공동체에 의해 권위적인 것으로 인정받은 도덕적이고 종교적인 개념들을 수용하게 된다. 이 경우에 어린아이는 자신의 궁극적인 행복과 이런 도덕적이고 종교적인 개념들을 동일시하게 된다.

이런 믿음의 확실성은 두 가지 측면에서 볼 때 관찰과 사고로부터 도출되는 과학적 확실성과는 다른 것이다. 객관적으로 볼 때, 후자가 더욱 강력해 보인다. 과학적 확실성은 모든 이성적 존재들에게 타당한 근거에 의존하고 있다. 그것이 가진 신뢰성은 이성의 능력을 갖춘 어떤 피조물에게라도 설명 가능하다. 과학이 이룩한 진정한 성과는 우리의 이성을 설득할 수 있는 힘에 있다. 과학적 증거를 확신하지 못하는 사람은 자신의 정신 상태를 의심해봐야 한다.

그러나 종교적 혹은 윤리적 확실성의 측면에서 볼 경우에는 상황이 달라진다. 믿음이 과학적 논증에 의해서 훼손될 수 없는 것처럼 과학적 논증으로 믿음을 설득력 있게 확증할 수도 없다. 믿음은 ─ 그것이 참이든지 가정적이든지 – 항상 계시, 권위, 하나님의 말씀에 의존하므로, 언제나 믿음의 열매는 – 이유를 막론하고 – 이런 권위를 인정하고 그 앞에 순종하며 경배하는 것뿐이다. 이런 관점에서 볼 때, 과학적 확실성은 사실상 믿음을 통해서 얻어지는 확실성보다 더 보편적이며 강력하다고 볼 수는 있다.

그럼에도 불구하고, 과학에서 타당하고 적절하다고 보는 종류의 확실성은 전적으로 종교에서 볼 때는 부적절한 것이다. 과학적 확실성이 아무리 강력하고 불변한다고 할지라도 그것은 언제나 인간의 논증에 의존한 것이므로, 더욱 발전되고 개선된 탐구를 통해서 언제나 전복될 수 있는 특성을 가진다. 이처럼 의심스럽고 오류 가능성이 큰 확실성을 종교의 영역에 수용하는 것은 적절하지 않다. 우리는 오류가 없고 신적인 확실성을 필요로 하며, 그것은 인간의 모든 의심을 초월하는 동시에 우리를 결코 절망에 빠뜨릴 수 없는 것이다. 우리는 유한한 시간 속에서나 무한한 영원 가운데 언제나 이것을 의지할 수 있다. 그러나 종교의 영역으로 전이된 과학적 확실성은 종교를 이성의 문제로 만들어 버린다. 따라서 이것은 지성적 수준이 발달된 소수의 사람들만을 위해 필요한 것이 되어버릴 것이다. 우리는 이로 인해 가장 개인적인 관심사에 있어서조차도 과학적 위계질서에 종속될 것이다. 이 위계질서는 편협성과 잔학성이라는 측면에 있어서 종교개혁 이전의 로마 가톨릭이 지녔던 위계질서를 훨씬 능가한다. 이런 질서 아래서 양심의 자유는 더 이상 존재할 수 없게 된다.

이처럼 영적인 영역에 과학적 확실성이 도입되면 결국 종교의 본성과 모든 인간의 확신에 따라 생각되어야 할 종교의 모습과는 정반대의 결과를 낳게 된다. 무엇보다도 종교는 믿음이다. 다시 말해서, 겸손, 신뢰, 의존, 순종, 단순함과 어린이다움인 것이다. 그러나 종교 안에 자리 잡은 과학적 확실성은 겸손 대신 교만을, 마음의 단순함 대신 지성주의를, 어린이다움 대신 자의식의 상승을 낳게 마련이다. 지식은 교만하게 하지만 사랑은 덕을 세운다. 따라서 우리는 과학적 확실성을 제외하고도 또 다른 형태의 확실성, 곧 믿음의 확실성이 존재한다는 사실에 대해 불평하지 말고 오히려 감사해야 한다. 왜냐하면 믿음의 확실성은 오류를 범하기 쉬운 인간의 통찰력이 아니라 결코 흔들림 없는 하나님의 권위에 의존하고 있기 때문이다.

만약 모든 사람들이 종교 안에 있는 믿음의 확실성을 받아들인 결과 그것이 어디에서 그리고 어떤 방식으로 발견되어야 하는지를 확신하게 된다면, 이처럼 오류 불가능한 신적 증언으로부터 나오는 믿음을 통해 얻어지는 지식을 신뢰할 수 없고 불확실한 것으로 여겨 거부하는 일은 없을 것이다. 우리가 가진 지식의 대부분이 다른 사람들의 증언에 의존하고 있으며 그 결과 오직 믿음의 방법으로만 얻을 수 있다는 것을 반대할 사람은 분명히 아무도 없을 것이다. 믿음이란 훨씬 더 넓은 의미에서 볼 때 우리가 우리의 의식이 증언하는 것을 신뢰하는 것을 포괄한다. 그렇다면 과학의 가정과 원리 전반을 비롯하여 개별 과학의 가정과 원리도 오직 믿음을 기초로 하여서만 우리에게 확실성을 줄 수 있게 된다. 우리의 감각으로 지각하는 것이 신뢰할 만하다는 사실, 외부 세계가 객관적인 실재를 가졌다는 사실, 사유의 법칙이 존재의 법칙에 대응한다는 사실, 소위 공리라고 하는 것들이 모든 지식의 견고한 토대라는 사실—이것과 또 다른 많은 원리가 증명의 방법이 아니라, 모든 증거들에 선행하는 우리의 의식의 직접적인 증언을 통해서만 확립될 수 있다. 이런 토대를 의지하고 나아가기를 거부하는 사람은 누구든지 진리로 향하는 자신의 길을 막아버리고 의심의 제물이 되어버린다.

그러나 좀 더 엄밀하고 참된 의미로 볼 때, 타자의 증언을 신뢰하는 것으로서의 믿음은 과학에서 중요한 역할을 감당한다. 가장 학식이 뛰어난 사람은 물론 모든 사람들이 자신의 재능과 능력, 시간과 공간의 한계를 갖고 있다. 그가 자유롭고 독립적으로 스스로 탐구할 수 있는 것은 과학의 무한한 영역 가운데 작은 부분에 불과하다. 따라서 그가 가진 지식의 거의 대부분은 다른 사람들의 연구에 의존하고 있기 때문에 그는 그들의 증언을 참되다고 신뢰하며 받아들인다. 이보다 더 의미심장한 것은, 관찰에 기초하여 확립되는 자연과학을 제외하더라도 과거에 관한 증언에 근거할 수밖에 없는 역사 과학이 있다는 점이다. 비록 역사 과학이 비평을 받아들이는 것은 사실이지만, 역사가의 입장에서 볼 때 과거에 대한 증언은 언제나 상당한 정도의 신뢰를 요구한다. 역사에서 수학적 증거나 실험적 증거를 요구하는 사람은 누구든지 그 역사 과학의 본성에 도전할 수밖에 없는 셈이며 결코 아무런 확실성도 얻을 수 없을 것이다.

다른 사람의 증언에 대해 개인적인 믿음이나 신뢰가 없다면 과학도 있을 수 없다. 그러므로 단지 종교와 신학이 개인적인 관찰에 근거하지 않고 신적인 권위에 의존하며 오직 우리에게 믿음을 통해서 확립될 수 있다는 것 때문에, 그 자체로 종교와 신학의 진리에 대해 무엇인가를 증명한다는 뜻은 아니다. 우리가 다른 사람들로부터 얻는 지식은 우리 자신의 탐구로 얻게 된 지식보다 더 낮은 평가를 받아야 하는 것인가? 우리도 다른 사람들이 고생하는 것과 동일한 한계에 부닥치면서 온갖 실수와 오류를 저지른다. 이 모든 것은 우리가 의존하는 증언을 제공하는 다른 사람들이 과연 신뢰할 만하고 의지할 수 있는가의 문제로 귀결된다. 만약 그렇다면, 우리가 그들의 권위에 근거해서 얻은 지식이 오류의 가능성이 있는 우리 자신의 관찰로 얻은 지식보다 더 많은 진리를 소유하게 될 수 있다.

그런데 종교에서는 오류 가능성 있는 인간 존재가 아니라 하나님이 스스로 증인으로서 등장하기 때문에, 이런 관점에서 볼 때 신학보다도 더 그 주제에 대해 확신을 가진 학문은 없다. 신학의 기초와 장점은 '하나님이 말씀하셨다(Deus dixit)'는 사실에 있으며, 우리 주님도 그렇게 말씀하셨다. 전능자의 권위에 맞먹을 수 있는 인간의 권위가 어디에 있겠는가? 인간이 온 마음과 뜻을 다해 의지할 수 있는 말씀, 곧 고난과 죽음 가운데서, 시간과 영원 가운데서, 스스로 말씀이신 분의 자기 증언보다도 더 신뢰할 만한 것이 어디에 있겠는가?

신적인 권위의 실존으로 볼 때, 종교 안에 있는 문제는 과연 그것이 우리의 믿음과 신뢰를 받기에 마땅한 대상인가 하는 것이 아니다. 모든 사람들은 이것이 추상적이라고 시인할 것이다. 그런데 우리가 이런 신적 권위를 어디에서 발견해야 하는가, 그리고 그것을 어떻게 인식할 수 있는가 하는 질문을 함으로써 문제가 생겨난다. 바로 그때부터 인류는 이 문제로 인해 끝없이 분열하게 된다. 인류의 역사에서 수많은 종교들이 차례차례 각자가 진리라고 주장하면서 등장하기 시작했다. 같은 종교 안에서조차도 그 지지자들이 종교의 본성과 권위, 계시의 내용과 범위를 놓고 서로 갈라졌다. 그러나 이런 일 때문에 과연 진리를 발견할 수 있겠는가라는 의심에 빠져서는 안 된다. 왜냐하면 그런 의심은 하나님의 권위의 영향에서 결코 벗어날 수 없는 우리의 합리적이고 도덕적인 본성을 왜곡시키기 때문이다. 오히려 그런 의심은 우리 안에 깊은 겸손과 정직한 갈망이 스며들게 함으로써 눈멀고 죄로 방황하는 인류가 찾을 수 있는 그곳에서만 진리를 추구하도록 해야 한다.

　　그러므로 믿음의 확실성에 대한 질문은 두 가지 측면을 갖고 있다. 그것은 우리가 고백해야 하는 종교의 진리에 대해 이야기해줄 수도 있고, 혹은 그 종교가 약속하는 구원에 참여하는 우리 개인에 대해 이야기해줄 수도 있다. 다시 말해서, 객관적인 종교적 진리에 적합한 확실성이 있으며, 그 진리가 약속하는 유익에 참여하는 주체에 적합한 확실성이 있다. 두 종류의 확실성이 매우 밀접하게 연결되어 있음은 분명하지만, 그럼에도 불구하고 그것들을 서로 혼합해서는 안되고 구분해야 한다. 내가 진리를 인식하도록 해주는 믿음의 행위는 나 자신의 구원을 확신하게 해주는 그것과는 다르기 때문이다.

확실성의 힘

과학적 확실성은 믿음의 확실성보다 더욱 합리적이고 보편적인 토대에 근거하는 반면에, 후자는 주관적 능력, 곧 개인의 영혼이 그 믿는 대상을 끌어안고 관계를 맺는 힘에 있어서 전자를 훨씬 능가한다. 일단 하나의 증언을 신적인 것으로 인식하고 받아들이게 되면 다른 어떤 말보다도 더욱 강력하게 사람을 붙들고 지배한다는 것은 확실하다. 믿음의 확신은 가장 심오하고 본질적이며 귀한 동시에 그 무엇보다도 강하다. 종교를 위해 싸우는 전쟁보다 더 잔혹한 것은 없으며, 종교 때문에 생겨나는 증오보다 더 큰 것은 없다는 것이 이 사실을 잘 설명해준다. 그러나 더 놀라운 점은 하나님과 관계를 맺은 삶으로부터 피어나는 경건, 헌신, 자기 부인, 사랑, 신실, 인내, 덕과 같은 것들보다 더 풍요롭고 숭고한 것들도 없다는 사실이다.

이 같은 여러 가지 덕목들 가운데 하나만 거론하자면, 믿음 때문에 셀 수도 없이 많은 순교자들이 생겨났다는 사실이다. 저명한 천문학자 요한 케플러(Johann Kepler, 1571-1630)는 생계를 이어나가기 위하여 자신의 신념에 반하는 점성학에 종사했다. 그는 자신의 행위에 변명을 구하는 글에서 궁핍한 어머니(천문학)가 어리석은 딸(점성학)을 먹여 살려야만 했다고 말했다. 갈릴레오 갈릴레이(Galileo Galilei, 1564-1642)도 로마 가톨릭의 종교재판관 앞에서 자신의 과학적 신념이었던 코페르니쿠스 체계를 세 번이나 철회한다고 해야 했다. 형벌을 받는 것에 대한 두려움이 과학에 대한 애정보다 더 컸기 때문이다. 지구가 회전한다는 명제를 위해서 기꺼이 죽으려고 할 사람이 어디에 있겠는가? 그런 것은 후일에 언제나 수정할 수 있는 것이기 때문에 궁극적으로 큰 차이가 없다. 순수하게 이론적인 진리를 위해서 자신의 재산, 명성, 생명을 위태롭게 만들 사람이 누가 있겠는가? 따라서 과학적 확실성은 화형과 형벌을 감당할 수 없다.

그러나 믿음의 확실성은 전혀 다르다. 그것은 훨씬 더 강력하다. 믿음은 인간의 마음에 뿌리를 내리고 있고 우리 실존의 모든 근간이 되기 때문에 제거하는 것이 불가능하다. 누군가가 어떤 원리 때문에 당신을 반대한다면, 다른 방식으로 그를 납득시키기는 거의 불가능하다. 실제적으로 이런 사람과 논쟁을 하는 것도 거의 불가능하다. 가장 당파심이 없는 연구에서조차도 한 사람의 종교가 언제나 그를 지배하는 모습을 보인다. 이런 모습은 인류를 분열시키는 모든 종교적 차이들의 근저에 존재한다.

그러므로 참된 신앙인은 믿음을 지키기 위해서라면 아무리 값비싼 대가 ─ 그것이 고문대이든, 불에 지진 인두든, 십자가나 화형대든 ─ 라도 마다하지 않는다. 믿음은 고향과 조국, 배우자와 자녀, 자신의 생명, 온 천하보다도 더 소중한 것이기 때문이다. 이것을 잃는 사람은 자신과 그의 영혼, 영원한 구원을 잃어버린다. 그러나 믿음을 지키는 자는 심지어 자기 목숨을 내놓아야 할지라도 또한 자신을 지키는 것이다.

　　믿음의 확실성은 가장 완전한 안식이자, 가장 고상한 정신의 자유다. 그것은 의심에 빠지지 않는다. 그것은 아무리 많은 악마들이 쳐들어온다고 할지라도 담대하고 두려움이 없다. 믿음은 오직 하나님만을 경외하며 다른 사람을 두려워하지 않는다. 하늘에 빛나는 태양의 확실성보다도 믿음의 확실성이 더 강하다. 모든 것을 의심할지라도 자기 자신은 의심할 수 없다. 최소한 르네 데카르트(René Descartes, 1596-1650)가 생각하는 자아(*Cogito ergo sum, 나는 생각한다, 그러므로 나는 존재한다*)에 정당성을 부여했던 것처럼, 신앙인은 '나는 믿는다. 따라서 나는 존재한다. 그러므로 하나님이 존재하신다(*Credo, ergo sum, ergo Deus est*)'는 것에 확신을 부여해야 한다.

HERMAN
BAVINCK

3장
확실성의 추구

3장
확실성의 추구

　믿음의 확실성이라는 문제는 매우 커다란 가치와 중요성을 갖고 있기 때문에 인류가 언제나 그것을 발견하려고 노력했다는 사실은 전혀 놀라운 일이 아니다. 이러한 확실성이 주는 마음의 안식이 없는 한, 인간 영혼에는 평안이 없다. 인간은 여러 가지 방식으로 확실성을 얻으려고 노력했다. 이 목적을 위해서라면 아무리 큰 희생도, 아무리 모진 형벌도, 심지어 소중한 목숨조차도 마다하지 않았다. 이것을 얻기 위하여 각종 율법과 의식을 준수하고, 피 흘리는 희생제사는 물론 피 흘림이 없는 제사도 드렸으며, 신체에 채찍질을 하고 죽이기도 하고, 가혹한 금욕주의는 물론 난잡한 주신제(酒神祭)까지 벌였다.

　종교의 역사 속에는 자연재해, 사회적 혁명, 전쟁 같은 것들이 무색해질 만큼 심오하고 두려운 투쟁과 고통의 모습들이 담겨 있다. 이러한 인간 내면의 역사의 페이지를 넘길 때마다 눈물, 탄식, 기도,

탄원, 투쟁, 시험과 같은 것으로 가득 찬 이야기를 읽게 된다. 불확실성, 의심, 두려움, 공포, 불안 같은 것들이 모든 사람의 마음과 생을 잠식한다. 모든 나라의 국가는 심금을 울리는 애통의 노래로 가득하다. 이 세상과 인생의 헛됨은 가장 장엄한 음성에 담겨 표현되어 왔다. 인류를 통틀어 제일 위대하고 고상한 사람들은 사실상 가장 두려운 내적 투쟁에 얽매여 있는 사람들이었다.

가장 아름다운 시 문학 작품들 중에서 어떤 것들의 주제는 이러한 고통으로부터 탄생한 것이기도 하다. 그리고 철학은 죽음의 수수께끼에 대해 숙고하는 것으로부터 탄생했다. 또한 예술과 과학은 인생을 더 편안하게 살도록 하는 것에 기원과 목적을 두고 있다. 전체적으로 볼 때 종교는 거칠고 무자비한 자연에 대항하여 무시무시한 투쟁에 빠져 있는 인간을 신성(Deity)의 도움으로 지켜주려는 하나의 거대한 시도이다. 예술가들과 과학자들뿐 아니라 쾌락과 감각적인 것을 탐닉하는 인간들은 자신들을 항상 괴롭히는 불안을 종종 무관심이라는 가면 뒤에 감춘다. 그들은 쾌락과 일을 통해서 자신의 영혼 속에 있는 불안으로부터 다른 곳으로 시선을 돌리려고 노력한다. 이런 것들은 인간 실존의 공허함과 양심이 정죄하는 목소리 - 한 마디로 말해서, 자기 자신 - 로부터 탈출하기 위한 수단들이다. 이런 점에서 블레즈 파스칼(Blaise Pascal, 1623-1662)은 진실을 말했다: 우리가 인류 속에서 관찰하는 모든 행동과 일의 총합, 다양한 소일거리와 쾌락은 '그들이 자신만의 방에서 한 순간도 조용히 머물 수 없다는 단 하나의 사실로부터 생겨나는 것이다.'(Pensée, 139.)

비기독교적 종교와 확실성

다양한 종교들을 위와 같은 관점에서 검토하고 판단하는 일은 시도할 만한 것일 수는 있지만 아무리 간략히 한다고 해도 그렇게 쉬운 일은 아니다. 그러나 만약 간단하게라도 짚어볼 수 있다면 한 가지 현상이 우리의 주목을 끌 만하다. 한 개인의 현재와 미래에 관한 확실성은 기독교에만 고유한 것이 아니라 다른 종교들에서도 발견된다는 사실이다. 이방 종교의 기본 정서는 분명히 겁과 불안으로 가득한 두려움에 있다(라틴어 religio, 헬라어 deisidaimonia). 예수 그리스도 안에 있는 구원을 떠난 모든 사람들은 죽음에 대한 공포에 노예가 되어, 하나님은 물론 아무 소망도 없이 살아간다. 그럼에도 불구하고, 이방 종교의 세계에는 두려움의 목소리뿐만 아니라 믿음과 평안의 목소리도 공존한다.

모든 종교에는 자신들의 피로 믿음을 증언했던 성스런 순교자들이 존재한다. 그 유명한 일례로 소크라테스(BC 469-399)를 들 수 있다. 그는 BC 399년 아테네에서 국가 종교를 변질시키고 새로운 신들을 도입하며 청년들을 잘못 가르쳐 타락시켰다는 명목으로 고소를 당했다. 하지만 자신을 변호하는 연설에서 소크라테스는 일생 동안 신성에 예배하는 삶을 살았다고 주장했다. 만약 재판관들이 자신의 소명-철학을 가르치는 것-을 포기하는 조건으로 용서를 베푼다고 한다면, 그는 이를 거부하고 차라리 사람보다 신들을 섬기는 것을 택하겠다고 말했다. 그는 죽는 것보다는 거룩하지 않고 불의한 일을 하는 것을 두려워했다. 따라서 소크라테스는 자신이 신들에게로 가게 되어 인생의 고난에서 해방될 것임을 알고 겁 없이 죽음의 자리로 나아갔다. 그는 전혀 요동하지 않고 태연한 자세로 독이 든 잔을 마셨고 자신의 믿음 때문에 순교자가 되었다.

이런 예화는 다른 많은 사람들의 지지를 얻기에 용이한 것이다. 그들 모두는 확실성이 진리와 동일한 것은 아니라고 가르친다. 진리는 항상 확실성을 동반하지만, 확실성이 진리의 증거는 아니다. 인간의 정신은 진리라고 여겨지는 오류 속에서 거짓된 안식을 발견할수도 있다. 우리는 우리가 참이었으면 하고 바라는 것을 믿기 좋아한다. 그러나 확실성은 본질적으로 우리를 자유롭게 해주지 않는다. 오직 진리만이 인간을 죄와 죽음의 노예 상태로부터 해방할 수 있다. 아들이 우리를 자유롭게 하시면 우리가 참으로 자유로워질 것이다(요 8:36).

그럼에도 불구하고 이런 굳건한 믿음에 대한 예를 통해 이들보다 더 큰 은혜를 받았고 훨씬 더 밝은 빛 아래 살아가고 있는 그리스도인들은 부끄러움을 느껴야 한다. 기독교 세계는 이런 점에서 볼 때 항상 더 아름다운 면모를 제시해준 것은 아니었다. 우리는 아무 염려도 없이 죽음과 영원에 대한 생각을 애써 억누르며 살아가는 이름뿐

인 그리스도인에 대해 생각하는 것이 아니다. 또한 우리는 모든 특별
계시를 거부하고 믿음의 원래 의미와 믿는 사람들의 삶에서 그것이
차지하는 중심적 위치를 앗아가는 역사적 기독교 내부의 현대 사상에
대해 생각하는 것도 아니다. 이런 사상 안에서는 진리의 확실성은 물
론 구원의 확실성조차도 더 이상 말할 수 없다. 그런데 이런 사상을 따
르는 사람들은 감히 이생과 다음 생에서 모든 것이 잘 되리라고 예상
하고 기대하며 심지어 이런 소망 가운데서 죽을 수도 있다고 생각한
다. 그들은 죽을 때가 되어서 마음의 평정을 지키는 데 실패하지 않을
수도 있다. 그러나 우리는 그들이 결코 발견할 수 없는 것들 – 살아서나
죽어서도 주님의 것이라는 분명한 의식, 하나님을 사랑하고 그의 뜻을 따라
부르심을 입은 사람들에게는 모든 것이 합력하여 선을 이룬다는 굳건한 확
신, 영생의 소망에 대한 변함없는 확신, 박해 중에 또 죽음 앞에서 즐거워하
는 것 – 을 소유하고 있다. 그들의 노래는 의심, 우울함, 바람으로만 차
있을 뿐, 담대하고 뜨거운 믿음이 결여되어 있다.

그러나 우리는 하나님의 특별계시를 진실로 받아들이는 사람
들조차도 항상 믿음의 확실성을 소유하고 있는 것은 아니라는 점을
받아들여야 한다. 우리는 믿음 대신 의심, 굳건한 신뢰 대신 염려, 열
정과 찬양 대신 불평불만이 나타나는 것을 심심찮게 발견한다. 실질
적으로 그리스도 안에서 자신의 역할을 확신하고 하나님의 자녀라는
영광의 소망 안에서 즐거워하는 사람은 그리 많지 않다.

로마 가톨릭과 확실성

아우구스티누스(Augustinus)를 따르는 로마 가톨릭은 한 그리스도인이 자신의 영원한 구원을 확신할 수 있다는 가능성을 몇 가지 예외적인 경우와 오직 하나님의 특별계시에 의한 것만을 제외하고는 부인한다. 교회의 법령을 지킴으로써 얻을 수 있는 확실성은 단지 하나의 의견, 추측, 추론적 생각(*opinio conjecturalis*)에 불과하다. 제아무리 그럴듯해 보여도, 이런 것은 결코 흔들림 없는 확신, 완전하며 뿌리 깊은 확실성이 될 수 없다. 로마 가톨릭의 체계 안에서는 그리스도 안에서 확신을 얻고 성령의 증거를 통해서 믿는 사람의 마음에 인치는 것을 구원이라고 보는 생각이 들어설 여지가 없다. 구원은 단지 선행에 의존하고 그럼으로써 항상 조건적인 것이 된다. 로마 가톨릭은 그리스도인이 독립적으로 스스로 알아서 하는 것을 결코 허락하지 않는다. 그리스도인이 자유로워지는 것을 결코 용납지 않으며 심지어 죽은 다음에도 연옥이란 곳에 항상 붙들어 매둔다. 교회만이 천국의 문을 열고 닫을 수 있다고 보기 때문이다.

그러므로 로마 가톨릭에서 그리스도인의 믿음이란 '내가 어떻게 하여야 참으로 믿는다는 것을 알며, 어떻게 하여야 나의 구원을 확신할 수 있는가?'라고 질문하는 것에 달려 있지 않다. 오히려 전혀 다른 질문에 초점이 맞춰져 있다. '내가 어떻게 해서 교회의 법령을 지키며 또한 어떻게 해야만 그 법령의 판단과 선포에 따라 영원한 생명을 얻는가?' 평신도가 교회의 말에 따라 행동하는 한, 그는 염려할 필요가 없다. 왜냐하면 교회가 나머지를 다 알아서 해주기 때문이다. 그러나 선행을 통해서 영생을 얻으려고 노력하는 가톨릭 신자는 두 가지 양 극단 중에 하나를 택할 수 있다. 첫째, 자신에게 매우 유리한 선택을 하는 방식이다. 만약 그가 이론보다 행위에 주안점을 둔다면 그는 스스로 '행위로 성취할 수 있는 것은 최소한 얼마일까?'라고 질문할 수 있다.[1] 둘째, 영원한 생명을 얻는 문제를 진지하게 받아들인 나머지 교회의 모든 요구사항을 엄격하게 준수하고 더 나아가서는 필요 이상으로 많은 것까지 자신이 행하도록 강요한다.[2]

이와 같은 결과로 볼 때, 로마 가톨릭에는 항상 두 부류의 신자들이 있다: 첫째 부류는 가끔씩 참회를 하고 미사에 참석하며, 기본적으로 필요한 금식만 준수하고, 그 외에는 염려와는 거리가 먼 아주 피상적인 삶을 살면서 자신의 구원을 위해서 교회를 신뢰하는 사람들이다. 둘째 부류는 외적인 형식주의적 삶에 만족하지 못한 나머지 신비주의와 금욕주의를 통해서 순수하게 종교적인 삶을 살려고 노력하는 사람들로서, 이들은 세상과 단절하고 육체를 부인하기까지 하면서 하나님 앞에 나아가려는 사람들이다.

특히 후자의 경우 개신교의 관점으로 볼 때 그 경건성이 거짓

---

1) 이것은 최소주의(minimalism)로서 신앙에 있어서 소극적 자세, 극히 한정된 관심과 태도를 말한다.

2) 이것은 최소주의의 반대로 최대주의(maximalism)로서 지나친 적극성, 극단주의를 말한다.

된 원리 – 행위를 통하여 의로워지는 것 – 에서 기인하기 때문에 하나님 앞에서 가치 없는 것이라고 직접 비난하기가 그리 쉽지 않다. 왜냐하면 이런 가치 판단이 아무리 많은 진리를 내포하고 있다고 할지라도, 우리가 그 말을 꺼내기 전에 기억해야 할 것은 많은 사람들이 로마 가톨릭적인 선행을 통한 칭의론(이행칭의)을 개신교의 칭의 교리(이신칭의)보다 훨씬 더 선호한다는 점이다. 선행을 통해 얻는 칭의는 적어도 이웃에게 유익을 주는 반면에, 개신교의 칭의 교리는 단지 사랑의 결여와 교만을 낳기 때문이다. 더욱이 우리는 많은 가톨릭 교인들의 삶과 행동에서 분명히 드러나듯이 엄청난 믿음, 진지한 회개, 완전한 복종, 하나님과 이웃에 대한 열렬한 사랑 같은 것들에 맹목적으로 빠져서는 안 된다. 그리스도인의 삶은 너무나도 풍요로운 것이므로 하나의 단일한 형식 속에서나 하나의 교회라는 담장 안에만 머물러서는 그 충만한 영광으로까지 발전해 나갈 수 없는 것이다.

그럼에도 불구하고, 로마 가톨릭의 경건성은 심지어 최고의 형식에서 있어서도 개신교의 경건성과는 전혀 다른 특징을 갖고 있다. 언제나 부자유스럽고, 얽매여 있으며, 형식주의적이고, 율법주의적이다. 완전한 내적 확실성이 결여되어 있다. 따라서 언제나 질문의 여지가 남아 있다: '내가 얼마나 충분히 행했는가? 또 다른 무엇을 해야만 하는가?' 로마 가톨릭은 의도적으로 신자들의 영혼이 불안, 말하자면 팽팽한 긴장을 유지하도록 만든다. 그 결과 영적인 삶은 거짓된 확신과 고통스런 불확실성 사이에서 요동치게 된다. 로마 가톨릭은 성령이 우리의 영으로 더불어 우리가 하나님의 자녀라는 것과 성령으로 인도함 받는 모든 사람들은 하나님의 자녀라는 성경의 말씀을 결코 깨닫지 못한다(롬 8:14, 16).

종교개혁과 확실성

종교개혁은 많은 변화를 가져왔다. 이 강력한 운동은 구원의 확신에 대한 깊은 필요성으로부터 탄생하였다. 마르틴 루터(Martin Luther, 1483-1546)는 구원의 확신을 헛되이 행위에서 추구하다가, 하나님께서 값없이 베푸시는 은혜, 곧 죄인들을 오직 믿음으로 말미암아 의롭게 하시는 은혜 안에서 구원의 확신을 발견했다. 그는 이러한 보화를 발견함으로써 그 당대의 전체 기독교계(로마 가톨릭)에 대항해서 과감하고 담대하게 맞섰다. 그는 너무나도 굳게 믿음에 닻을 내렸고 확실한 소망을 가졌기 때문에 모든 원수들 앞에서도 확신을 가지고 홀로 당당히 설 수 있었다: '하나님이 나를 위하시면 누가 나를 대적하리요?' 확실성은 루터의 믿음의 특징일 뿐만 아니라 모든 종교개혁자들이 가진 믿음의 특징이었다.

그러나 이것은 종교개혁자들이 결코 어떤 시험이나 투쟁도 경험하지 않았다는 뜻이 아니다. 그들이 언제나 모든 의심을 떨치고 일어섰다고 생각하는 것은 잘못이다. 종교개혁자들은 모두 두려운 불안과 깊은 절망의 시기를 통과해야만 했다. 루터는 위대한 믿음을 가졌음에도 불구하고, 종종 마귀와는 물론 인간의 이성과도 엄청난 투쟁을 겪었다. 그는 자신이 수행하고 있는 개혁의 노력이 올바르고 복된 것인지에 대한 의심에 자주 빠져들곤 했다. 필립 멜란히톤(Philipp Melanchton, 1497-1560)도 자주 정신적인 압박감을 느끼곤 했다. 존 칼빈(John Calvin, 1509-1564)은 믿는 사람이 많은 의심과 염려에 도달할 수 있다는 것을 자신의 경험으로 증거하고 있다. 그런데 종교개혁자들이 후대의 제자들과 다른 점은 그들이 그런 문제가 일어날 환경이 조성되도록 방관하지 않았다는 점이다. 그들은 그런 것이 아무 유익이 없다고 보았고 또한 의심과 염려에 사로잡힌 채로 머물러 있지도 않았다. 오히려 의심과 염려에서 빠져나오려고 분투했으며 그것들로부터 자유로워지기를 간절히 소망했다. 종교개혁자들은 믿음의 능력으로 모든 것을 극복하고 일어섰다. 의심과 두려움이 아니라, 견고함과 확실성이 그들이 영적인 삶을 정상적으로 살 수 있게 해준 조건이었다.

종교개혁자들이 가진 용기는 겸손에 뿌리를 내리고 있었고, 구원의 확신은 하나님에 대한 신뢰 속에 있었으며, 그들이 가진 자유와 독립성은 오직 하나님의 은혜를 어린아이처럼 의지하는 데 달려있었다. 종교개혁자들이 가진 '이성과 의지'는 감정의 권리를 부인하지 않았던 반면에, 그들의 감정은 이성을 지배하지 않았다. 그들은 결코 손을 게을리 놀리지도 않았다. 머리, 가슴, 손이 다함께 놀라운 조화를 이루는 사역을 감당했다. 그들은 종교적 삶에 있어서 오직 눈과 가슴만 지니고 있는 경건주의자가 아니었다. 또한 뒤로 물러나서 스스로를 고립시킨 채 세상을 운명에 맡겨버리는 신비주의자도 아니었다. 정서적 삶이 가진 풍요로움의 정당한 가치를 평가하는 데에 실패한 지성주의자와 도덕주의자도 아니었다. 성격이나 특징에 있어서 드러나는 차이에도 불구하고, 종교개혁자들 모두는 심오한 종교적 본성의 소유자들이었다. 아마도 정확히 이런 이유 때문에 그들은 가족, 사회, 경제적이고 정치적인 삶의 필요성에 대해 지속적인 관심을 기울였다. 부자연스럽고 불건전한 경건주의는 모두 그들에게 이질적인 것이었다. 종교적 삶이란 건전하고 깨끗하고 단순한 마음을 지닌 동시에 또한 열정적이고 심오한 삶이다.

종교개혁자들이 가진 경건성은 로마 가톨릭의 그것과 매우 다른 모습을 하고 있었다. 그들은 기독교의 본질을 전적으로 새롭고 본래적인 방식으로 이해하였다. 참신하고 생명력 있는 성경이라는 근원으로 돌아감으로써, 유럽 기독교계의 지형을 변화시킨 정신과 능력을 바로 거기에서 이끌어냈다. 그것은 시편을 기록한 시인들, 선지자들과 사도들이 그들 안에서 부활하여 그들의 입을 통하여 말하는 경건성과 같은 것이었다. 그들은 하나님의 아들임에도 불구하고 인자가 되고, 인성을 전혀 낯선 것으로 여기지 않았던 그리스도를 본받는 사람들이었다.

종교개혁자들이 믿음에 대해 설명하는 것은 또한 이런 경건성의 기준이 무엇인지 대답해준다. 그들에게 믿음은 소망과 의견도 아니요, 가정과 추측도 아니요, 심지어 지식과 동의도 아니었다. 믿음은 확실한 지식과 견고한 신뢰로서, 너무나 강하고 궁극적인 의식과 확신이기 때문에 모든 의심과 두려움을 배제할 수밖에 없는 것이었다. 하이델베르크 요리문답(Heidelberg Catechism)에 담긴 겸손하고도 담대한 그리스도인의 고백을 들어보면 그가 가진 소망에 대한 이유를 깨닫게 된다. 그리스도인은 자신이 살아있는 그리스도의 교회의 지체임을 확신하는 동시에 영원히 그렇게 살 것임을 확신하고 있다. 그는 다른 사람들은 물론 자기 자신도 개인적으로 용서를 받고 하나님의 순수한 은혜와 오직 그리스도의 공로에만 의지하여 영원한 의와 구원이 허락되었다는 것을 어린아이처럼 신뢰한다.

그리스도인은 이런 고백 속에서 하나의 음성을 들었다. 그는 하나님의 자녀라는 자유를 누리고 있다. 하나님의 성령이 그의 영과 더불어 증거하시는 것은 바로 그가 하나님의 자녀라는 사실이다. 그는 믿음으로 말미암아 말할 수 있다. 바로 여기에서 그리스도인의 삶이 독립성을 얻게 되는 것이다. 그것은 다른 어떤 피조물에게도 의존하지 않고, 오직 하나님과 그분의 말씀에만 매여 있다. 그러므로 믿음은 하나님을 제외하면 이 세상에 있는 사람이나 어떤 것에서도 발견할 수 없다.

개신교 정통주의와 경건주의에서의 확실성

종교개혁의 활기찬 목소리는 도르트 신조(Canons of Dordt, 1618-

19)가 작성된 시대로 널리 울려 퍼졌다.[3] 그러나 이 목소리가 조금씩 약화되기 시작하면서 불확실성과 불안이 믿음의 언어 속으로 파고들었다. 16세기의 믿음이 17세기의 정통주의가 되었다. 사람들은 더 이상 그들의 믿음을 고백하지 않았고 오직 신앙고백(서들)만을 믿었다. 정통주의는 대부분의 사람들이 합리주의로 나아갈 수 있도록 초석을 놓았다. 종교는 이성의 문제가 되어버렸고, 영원한 것에 관한 진리는 역사적 증거와 합리적 논증에 의존하게 되었으며, 믿음의 확실성은 합리적 통찰력과 혼합되어 버렸다. 다른 한편으로, 신자들의 작은 모임들 속에서는 또 다른 반작용이 생겨났다. 그들은 단지 합리적인 지식으로만 충분하지 않다고 생각한 결과 구원의 본질을 경험 가운데서 찾았다. 이러한 운동은 점차 경건주의로 발전되어 갔다.

진지한 믿음을 가진 많은 사람들이 변질된 형태의 역사적이고 현세적인 신앙이 발달되어가는 것을 보면서 자신들이 지녔던 확실성과 신앙을 잃어버리기 시작했다. 이같이 서로 다른 신앙들 간에는 삶과 죽음, 그리스도 안에서 하나님의 은혜에 대한 진정한 신뢰와 진리에 대한 순전히 합리적인 동의 사이의 차이와 같이 본질적인 차이점이 존재해야만 했다. 그러나 거기에는 혼합주의, 자기 기만, 거짓된 확실성 같이 상당한 위험요소들이 있었다. 참된 은혜와 거짓된 은혜 사이의 차이, 최악의 상황에서 거듭남과 최선의 상황에서 거듭남 간을

---

3) 도르트 신조(Canons of Dordt, 1618-19), 아르미니우스 논쟁을 발단으로 시작된 항론파의 5대 이의에 대항하여 칼빈주의 5대 강령(TULIP)으로 대표되는 네덜란드 개혁교회의 답변을 담고 있다.

구별하는 것은 매우 어렵고도 엄밀함이 요구되는 일이었다. 따라서 신앙인들은 자신의 믿음이 가진 실재성을 확신하기 위하여 내면으로 돌아가는 일에 더 마음을 쏟게 되었다.

이와 같은 자기 성찰 가운데 신자들은 경건한 작가들이 쓴 묵상 작품들에 매료되기 시작했다. 그들은 영혼의 삶의 여정을 가장 내밀한 시초부터 추적하여 그 깊은 데 숨겨진 역학 관계를 분석하고 길고 긴 일련의 세밀하지만 혼돈스러운 징표들 속에서 영혼을 묘사했다. 하나님과 교제하는 영혼의 숨겨진 삶에 관해 이보다 더 심오하고 진지하게 연구된 적은 그 이전이나 이후에도 없었다.

경건주의자들은 당대의 정통주의가 가진 이성적인 냉담함을 가리켜 지식만으로는 부족하며 실제적인 믿음은 경험이라고 논박했다. 다른 사람들이 기록한 영적인 분야에만 귀를 기울이는 것으로는 충분하지 않고 자신이 직접 눈으로 보고 경험해야만 한다고 생각했다. 박식한 의사처럼 질병에 대해 말을 늘어놓는다고 해서 되는 것이 아니라 질병과 그것의 치유까지 모두 경험해야만 한다는 것이다. 오직 경험을 통해서만 제일 먼저 진리를 이해할 수 있다. 경험은 성경 말씀 속에서 완전히 새로운 의미를 발견하게 해주며, 그 진리 배후에 있는 어떤 진리를 보여준다. 그 이유는 다른 무엇인가에 대해 말하려고 하기 때문이 아니라 우리 마음이 경험을 통해 유익을 얻었다는 것 때문이다.

시간이 지남에 따라 하늘나라로 가는 방법에 관련된 필수적 경험의 목록도 늘어났다. 불행에 대한 감정을 비롯하여 고통스런 죄책의 경험, 시내산에서 율법을 받을 때에 울렸던 무서운 천둥소리까지도 그 목록에 추가되었다. 율법이 선포하는 최후의 심판의 소리를 들어보지 못한 사람은 누구든지 복음이 선포하는 용서를 경험할 필요성을 못 느꼈다. 건강한 사람 말고 병든 사람들에게는 위대한 치료자가 필요했다. 예수 그리스도는 의인이 아니라 죄인을 불러서 회개하게 하려고 오셨다. 믿음의 부모들, 세례, 기독교 교육, 신앙고백, 성찬과 같은 것들은 그런 경험을 피상적으로 만들지 못한다. 이렇게 복을 받은 사람들은 하나님의 은혜 가운데 있다는 생각을 품는 대신, 일종의 경고하는 자들의 역할을 감당함으로써 영원한 생명에 대한 문제에 있어서 다른 많은 사람들이 하듯이 자기 자신을 속이지 않아야 한다. 언약의 자녀들을 비롯하여 모든 사람들은 자기 자신이 잃어버린 자였으며 깊은 불행의 한가운데서 은혜를 갈구했던 세리와 같은 자라는 것을 깨닫기 위하여 하나님의 율법의 심판대를 통과해야 한다.

이와 같은 상실감은 오랫동안 지속될 수도 있고 아니면 잠시 동안만 존재할 수도 있다. 심지어 한 줄기 빛이 영혼을 관통하고 지나가면서 예수 그리스도 안에 있는 구원에 눈을 뜨게 될지라도, 즉각적으로 믿음에 이르러 하나님의 약속에 몸을 내맡기지 못할 수도 있다. 왜냐하면 이것은 추정되고 도둑질한 믿음이란 위험을 초래할 수 있는데, 아무 근거 없이 도둑질한 물건은 잘 되는 법이 없기 때문이다. 먼저는 믿을 수 있는 권리와 용기가 하나님께로부터 주어져야 한다. 그

럼으로써 모든 종류의 영적인 준비가 믿음 안에 있는 하나님의 약속
보다 앞서 와야 했다.

믿음은 애초부터 자기 자신에 대해 직접적인 확신을 가질 수
없었다. 믿는 것의 본질과 믿는 것의 행복 사이에, 또한 피난처를 추
구하는 믿음과 확신에 거하는 믿음 사이에는 차이가 있었다. 믿음이
시작될 때에는 탄식과 애통, 기도와 소망으로 가득하였다. 오랜 세월
동안 경험이 차곡차곡 쌓였을 때에만 확실성을 얻게 되었다. 확실성
은 믿음 자체와 더불어 주어진 것도 아니었고, 또한 믿음으로부터 유
래하는 것도 아니었다. 확실성은 외부로부터 기계적으로 특별계시에
의해서 가끔씩 더해지는 것이었다. 때로는 특정한 성경 구절이 갑자
기 떠오르면서 확실성이 생겨나기도 했다. 혹은 믿는 사람들의 영혼
이 갑자기 찬란한 빛으로 충만해지면서 야곱처럼 고백하도록 만든다:
'내가 하나님의 얼굴을 뵙고도 영혼에 구원을 받았도다.' 때로는 주 예
수께서 직접 나타나셔서 하늘의 기쁨으로 영혼을 채워주셨다. 또 다
른 경우에, 믿는 사람들은 사도 바울처럼 삼층천으로 들려 올라가서
하나님 앞에 있는 은밀한 방으로 인도받을 수도 있었다. 오직 그때에
만 그들은 기존의 확신에 거하는 신자들 가운데서 믿음의 최고봉에
도달할 수 있었다.

그러나 이런 단계까지 성취한 사람들은 극히 드물었다. 대부분
의 사람들은 탄식하고 애통해하면서 인생 여정을 비틀거리며 힘들게
살아갔다. 그들은 항상 자기만 불행하다는 편견에 사로잡혀 사는 불

쌍하고 비참한 사람들이었으며, 혹시라도 그리스도 안에 있는 자신들의 구원을 기뻐할 때가 있다손 치더라도 결코 진정한 기쁨과 감사의 삶을 살 수는 없었다. 그들은 자신들을 가리켜 아담의 원죄로 오염된 후손들이자 하나님의 심판 아래 있는 죄인들이라고 부르기를 더 좋아했다. 왜냐하면 그들은 하나님이 벌레 같은 야곱과 이스라엘 백성에게 주신 약속으로부터 위안을 끌어내기 때문이었다.

경건주의자들의 영혼에는 빛도 행복도 없었기 때문에, 주변을 둘러보면 모든 것이 어둡고 암울했다. 지상의 삶은 고난과 슬픔의 삶이라고 말했다. 그들에게 세상은 단지 눈물의 골짜기요, 황폐한 사막에 지나지 않았다. 차라리 이런 세상에서 완전히 뒤로 물러나 같은 뜻을 품은 소수의 사람들과 어울려 사는 것이 더 낫겠다는 편을 택하고자 했을 것이다. 가족, 사회, 과학, 예술, 국가와 교회 같은 것들은 전체적으로 망가지고 구제 불가능한 것으로 여겨져서 포기되고 불신앙과 혁명이 그 자리를 차지하게 되었다. 이런 사람들의 영적인 삶에 자양분을 제공해주는 방법은 오직 소그룹 단위의 토론과 고전 작가들의 작품을 읽는 것밖에 없었다. 이 일 외에 남은 것은 죄로 물든 육신을 떠날 시간이 될 때까지 혹은 그리스도의 신속한 재림의 시간이 될 때까지 자신들의 책무를 내려놓고 조용히 인내하며 기다리는 것뿐이었다.

경건주의에 대한 반발

17세기에는 네덜란드의 모든 개혁교회 내에서 가장 뛰어나고 경건한 사람들의 믿음도 경건주의의 수준으로 옮겨가게 되었다. 그러나 이런 상황이 오래 지속될 수는 없었다. 두려움과 고립을 자초하는 대부분의 삶은 참되고 온전한 기독교가 될 수 없었다. 그들이 내뱉는 탄식과 애통은 예배도 믿음도 아니었으며, 더군다나 세상으로부터 도피하는 것은 세상에 대한 승리가 아니었기 때문이다. 그 결과, 뭔가 다르고 더 나은 무엇인가에 대한 갈망이 생겨나면서 널리 확산되었다. 즉 확실성을 성취하려는 목적에 따라 더 나은 길을 제시하기 위해 다양한 사상들이 생겨났다. 이들은 루터주의 내에서 일어난 모라비아 형제회(Moravian Brethren)와 개혁교회 내에서 생겨난 감리교(Methodism)라는 두 가지 주요 흐름으로 집약할 수 있다.

모라비아 형제단은 율법이 아니라 복음에 의해서, 시내산의 천둥소리가 아니라 골고다의 자비로운 음성을 통해서, 모세라는 완고한 인물이 아니라 예수라는 친근한 인물을 통해서 영혼을 얻고 행복에 이르기를 원했다. 대표적인 인물인 니콜라우스 폰 친첸도르프(Nikolaus von Zinzendorf, 1700-1760)는 경건주의자들의 소위 '참회적 투쟁과 혁파(Busskampf, Durchkruch)'라는 사상과는 아무런 관련을 맺고 싶지 않았다. 그는 이런 사람들을 비참한 그리스도인들이라고 불렀다. 친첸도르프는 탄식과 애통하는 믿음이 아니라 노래하고 기뻐하는 기독교를 소망했다. 이것을 이루기 위해서 필요한 모든 것은 오직 사랑이 많으신 구세주의 복음 선포였다. 주님이 겪으신 고난과 죽음, 그가 입은 상처와 흘린 피로써 죄인들을 무한히 사랑하신다는 것을 생생히 묘사하기만 해도 영접하는 마음에 인상을 남기기에는 충분했다. 이러한 인상이 바로 그리스도의 구원의 사역이요, 성령을 통해서 다시 새롭게 되고 생명을 부여받는 것이었다. 십자가의 복음에 감화를 받은 사람들은 예수 그리스도의 상처 안에 거하고 그분과 언약적 결혼의 단계에 들어가며 죄책감과 죄의 노예 상태에서 해방된다. 이때부터 그들은 행복하고 감사가 넘치며 죄 짐에서 자유로운 삶으로 인도함받아서, 예수의 말씀을 기억하고, 풍성한 예배와 감동적인 찬양의 보화를 먹고 힘을 얻으며 살아가게 된다.

감리교는 이와는 다른 길을 택했다. 감리교도들은 모라비아 형제단보다 더 깊은 죄책감을 경험했기 때문에 영혼을 거짓된 확신으로부터 끌어내기 위한 충격이 필요하다고 느꼈다. 믿음보다 먼저 와야 하는 것은 열정적인 설교를 통해서 깊은 죄책감을 일깨우고 죽음과 지옥에 대해 끔찍하게 묘사하고, 감동적이고 심금을 울리는 찬양을 하는 것이다. 그런 순서가 끝난 직후에 설교를 통해 은혜가 선포되고 구원을 받아들이는 것이 이어졌다. 자기를 아는 지식(자의식)의 지옥으로 내려감을 경험한 영혼은 하나님을 아는 지식을 찾아 하늘로 올라간다. 감리교는 모든 구원의 경험을 단 한 순간으로 압축한다. 가장 깊은 불행과 가장 고차원적인 행복은 서로 곁에 마주하고 있다. 한때 죄인의 자리에 앉았던 잃어버린 영혼이 바로 동일한 순간에 그리스도께로 회복된다. 그는 죄책감에 주저앉아서 지옥에 떨어질 형편이었으나, 이제 용서받고 일어나 천국을 유업으로 받게 된다.

그러므로 믿음은 직접적이고 충만한 확실성이다. 왜냐하면 그것은 깊은 고뇌로부터 갑자기 발생하며 그 이전 상태와의 비교를 통해서 전적인 확실성을 이끌어내기 때문이다. 믿음은 빛으로 찬란한 의식으로부터 태어나는 것이었다. 감리교도는 자신이 거듭난 날과 시간을 안다. 존 웨슬리(John Wesley, 1703-1791)는 1738년 5월 24일 오후 9시 15분에 회심했다고 한다. 이런 방식으로 믿음의 확실성에 도달한 사람이라면 자신의 조건이나 환경에 대해 결코 의심할 필요가 없을 것이다. 자신이 가진 믿음의 실재를 내적으로 들여다보며 판가름하기 위해서 지속적으로 자신을 성찰할 필요도 더 이상 없을 것이다. 자신이 죽음에서 생명으로 건너갔고 이제는 더 중요한 일들이 기다리고 있음을 알게 되었다. 칭의는 언제나 일회적이지만, 이 단계를 지나면 성화가 기다리고 있었다. 주변에는 동일한 방식으로 구원을 받아야 하는 잃어버린 영혼들로 가득한 세상이 존재하고 있었다. 일단 회심한 이상, 다른 사람들을 회심시키고 예수 그리스도를 위하여 가능한 한 많은 영혼들을 얻는 것보다 더 높은 부르심은 없었다.

위의 두 가지 사상은 기독교 역사에서 매우 큰 영향력을 행사했다. 그것들은 자기 성찰에 빠진 그리스도인들을 일깨워서 고립된 자리에 머물지 말고 세상과의 전투에 임하라고 불러냈다. 이들의 지도력을 통해 가정과 해외 선교가 강한 자극을 받게 되었다. 회중들은 또한 주일학교를 조직하고 다양한 종류의 기관들을 만드는 일에 주도적으로 나서기 시작했다. 이런 운동의 결과로 성경과 소책자들을 널리 보급하고, 복음주의, 박애주의 등과 같이 많은 것들이 일어나서 하나님 나라의 확산을 위해 노력했다. 기독교 전체가 잠에서 깨어났을 뿐만 아니라 새로운 활력을 갖게 되었다.

그럼에도 불구하고, 이 두 가지 사상이 그리스도인의 시야를 좁게 만드는 문제를 야기했다는 사실도 부인할 수 없다. 양자 모두 사도신경의 첫째 조항, 곧 전능하사 천지를 만드신 하나님 아버지에 대해 깊은 관심을 기울이지 않았다. 지상에 속한 예술, 과학, 문학, 정치, 가정, 사회 등 그것들이 가진 온전한 의미와 중요성을 간과함으로써, 결국 그리스도인의 기초적 원리에 근거하여 개혁하고 다시 새롭게 하려고 하지도 않았다. 예수의 상처 안에 머물거나 회심하고 또 다른 사람들을 회심시키러 나아가는 것만이 그리스도인의 삶의 내용의 전부로 보았다. 감상주의와 병든 감수성이 때때로 제일 먼저 드러내는 상태는 기뻐 날뛰면서 다른 사람들을 고려하지 않는 행동이 특징이었다. 감정과 의지가 자주 의식을 짓눌렀기 때문에 결과적으로 한 사람이 가진 잠재적 능력과 현실적 능력이 서로 조화를 이룰 수 없었다. 하나님의 자녀에게 있는 자유 - 세상을 다스리고, 모든 빛의 아버지께서 주시는 각양 좋은 은사들을 감사하며 향유하고, 지상에서 받은 소명을 신실하게 행하며, 눈을 떠서 멀리 보고 넓은 마음을 갖는 것 - 속에서 아무런 열매를 맺지 못했다. 그리스도인의 삶은 종종 인간적인 삶에 동반되거나, 때때로 그것을 초월하거나, 이따금씩 반목하는 관계에 있는 것으로 보였다. 바로 이 점에서 기독교는 빵 전체를 부풀도록 하기 위해 반죽과 혼합하는 누룩과 닮은 곳이라고는 전혀 없었다.

더 큰 불확실성

믿음의 생명력에 이와 같이 이질적인 요소들이 뒤섞이게 됨으로 인해서 커다란 불확실성이 등장하게 되었다. 이것은 다른 여러 방향－정통주의, 경건주의, 모라비아주의, 감리교, 합리주의, 신비주의－으로 지속적으로 퍼져나가면서 우리 주 예수 그리스도의 은혜와 그를 아는 지식 안에서 일관된 길로 꾸준하게 자라나는 일에 장애가 되었다. 그러나 여러 가지 종교적 관점들의 차이보다 영적인 삶에 더 큰 피해를 주는 것은 인간의 인식 능력에 대해 날카로운 판단을 내리는 철학과 진리의 근거로서의 성경에 대한 역사 비평의 영향이었다.

칸트 이래로 철학적 개념은 더욱더 폭넓게 수용되었는데, 이것은 인간이 유한성과 감각적 지각의 한계에[4] 매여 있는 탓에 보이지 않고 영원한 것들에 대한 참된 지식을 결코 얻을 수 없기 때문이었다. 역

---

4) 독일의 철학자 칸트는 인간 인식의 한계로 인해 감각적인 '현상계(Phenomenon)'를 벗어나는 '물자체(Noumenon)'의 세계(하나님, 자유의지, 영혼 불멸성)를 순수이성 혹은 사변이성의 능력으로는 인식할 수 없고, 오직 실천이성에 근거하여 도덕적으로 요청되는 지식으로 본다.

사 비평은 신앙고백의 신뢰성과 신빙성뿐만 아니라 선지자들과 사도들이 기록한 성경도 문제 삼음으로써 이런 입장을 한층 더 강화시켰다. 그러므로 우리는 우리 밖에서는 물론 우리 안에서도 더 이상 확실성을 찾을 수 없게 되었다. 무엇보다도 확실한 것은 우리 눈으로 보고 우리 손으로 만지는 것밖에 없다. 우리가 이런 영역을 벗어나는 순간, 인간의 복종을 요구하면서 앞으로 나아갈 수 있는 권위 같은 것은 존재하지 않게 된다. 모든 사람은 자기가 볼 수 없는 것들에 대해서 자기 자신만을 척도로 삼으며, 한 사람의 의견은 다른 사람의 것과 마찬가지로 동등하게 여긴다. 그러므로 내일이면 죽을 것이니 오늘 먹고 마시자. 아니면 적어도 모두 각자의 방식으로 구원을 추구하게 하자. 종교란 개인적인 문제일 뿐이기 때문이다. 이런 영역에서는 아무도 진리에 접근할 수 없다.

이렇게 불신의 철학—심지어 그리스도를 고백하는 사람들 가운데 서조차도—이 생각보다 빠르게 득세하게 되었다. 대부분의 사람들이 이런 생각의 틀을 가지고 살면서 그 내면도 이 방향으로 치우치고 바다에 이는 물결처럼 의심에 사로잡혀 평안이나 기쁨을 찾지 못했다. 신앙인의 이름을 가진 사람들은 요란하고 다양한 세상 것들에 관심을 기울이면서 자신들의 마음에 깃든 불확실성을 그런 것들 뒤로 감추어 버렸다. 신학자들도 영원한 것들에 대한 지식을 주장하는 미로로 통하는 길을 불태워 버리는 일에 수고를 아끼지 않았다. 이제 우리가 어떻게 해야만 마음의 평안을 얻기 위해 필수불가결한 믿음의 확실성을 얻을 수 있겠는가?

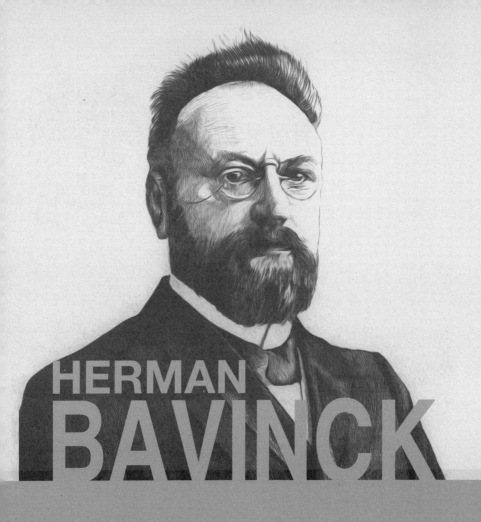

HERMAN
BAVINCK

4장

확실성의 길

4장
확실성의 길

과학과 종교를 구분하는 가장 중요한 기준은 전자가 인간적인 확실성에 만족한다면 후자는 신적인 확실성을 요구한다는 것이다. 우리가 삶과 죽음, 시간과 영원 가운데 의지할 수 있는 믿음의 대상은 완전히 신뢰할 만하고 무오류하며 영원한 진리여야 한다. 세상만사에는 다소간에 어느 정도의 개연성이 있을 수 있다. 그러나 종교는 가장 깊은 곳에서부터 항상 인간의 영원한 구원에 관계하므로 완전한 확실성이 필수적 요건이다. 영원에 대한 우리 소망의 토대는 인간의 언어, 과학적 연구 성과, 상상력으로 빚어낸 모종의 관념, 혹은 인간적 추론에 근거한 명제와 같은 것이 될 수 없다. 이와 같은 것들은 언제든지 무너질 수 있고 오류를 범할 수 있기 때문이다. 시간이 지나면 폐허처럼 사라져버릴 이와 같은 것들은 우리 소망의 토대를 지지해줄 수 없다. 믿음-종교적 믿음-은 본성적으로 오직 하나님의 입에서 나오는 말씀과 약속에 의존하며 자연적으로 혹은 초자연적으로 인간에게 계시된 말씀에만 의존할 수 있다.

　　그러므로 모든 종교가 계시에 호소하고 있다는 사실은 전혀 우연의 일치가 아니다. 그것들은 일종의 특별계시에서 유래하거나 연속적인 계시에 근거하여 존재할 수 있지만, 인간의 연구에 의존한다고 주장한 적은 결코 없으며, 오직 신적인 권위만을 주장해왔다. 이런 사실은 종교의 본성으로부터 흘러나오는 것이다. 종교에 있어서 계시란 종교의 전제이자 토대요, 동전의 앞뒷면처럼 필연적인 상관관계를 갖는 것이다. 어떤 종교가 신의 이름과 권위를 더 이상 내세우지 않는다면 결국 그 종교의 본질을 잃게 되고 신화나 종교철학으로 전락하고 만다. 이뿐 아니라 인간적인 사상보다 종교에서 더 많은 것을 기대하는 사람들에 대한 영향력도 상실되고 만다. '하나님께서 말씀하셨다 (Deus dixit)'는 진리로부터 교리를 이끌어내려고 하지 않는 신학은 자신의 토대를 무너지게 만들어 안정성을 상실하게 되며 이윽고 쇠락하여 사라지게 된다. 따라서 계시와 신적 권위를 제외하고 종교를 받쳐줄 수 있는 버팀목은 존재하지 않는다.

　　물론 이것은 종교가 언제나 자신의 신적 권위를 엄청나게 남용해왔다는 사실을 부정하는 것은 아니다. 그 범위가 크든 작든, 그 내용이 정교하든 조잡하든, 종교의 영역에서보다 더 많은 기만적인 행위가 저질러진 곳은 없었다. 고대 세계의 백성의 지도자들은 신적 권위를 가지고 자신의 이기적인 목적을 달성하는 일에 더 많이 사용했다.

제사장들은 자신들이 신의 뜻을 말하는 입이라고 포장하여 사람들을 굴레에 묶어놓고서 사적인 이익과 권력을 위해 봉사하도록 만들었다. 미신, 마법, 점술 등 여러 야만적인 행위들은 기생식물처럼 신적 권위의 줄기 주변을 감싸고 뒤얽혀 있었다. 종교의 이름을 빙자하여 역사 속에서 저질러진 불의와 잔학행위는 헤아릴 수도 없이 많다.

그러나 이 모든 것은 종교의 근거가 신적 계시와 신적 권위라는 사실에 해를 가하기보다는 오히려 한 가지 교의를 확증시켜 준다. 즉 인간들이 서로 목숨을 걸고 싸우는 이유가 바로 그들 자신이 신적인 대의명분을 받들고 최고선의 증진을 도모한다고 확신하고 있었기 때문이다. 이것은 종교가 과학과 예술과는 구분되는 하나의 사실, 곧 종교는 신적인 확실성을 요구한다는 것을 다시금 보여준다. 다시 말해서, 인간의 영혼이 오직 하나님 안에서만 완전한 안식을 누릴 수 있는 까닭은 무오류한 신적 권위 안에서만 온전히 만족할 수 있기 때문이다. 그러므로 설교자의 능력은 오직 하나님의 말씀을 선포할 때에만 나타난다. 하나님이 아니시면 누가 설교자에게 강단에 올라서 성도들로 하여금 믿음과 생명의 법을 붙들도록 하고 또한 영접하는 사람들이나 영접하지 않는 사람들에게 영원한 행복이나 불행이 주어진다는 진리를 전할 권리를 주시겠는가?

과학적 설명

앞의 논의와 관련하여 더욱 중요하고 어려운 질문을 할 차례가 되었다: 우리의 인식과 순종을 마땅히 요구하는 신적인 권위는 어디에서 그리고 어떻게 발견할 수 있는가?

추상적인 방법으로는 이 문제의 온전한 답을 찾기 불가능하다는 사실을 그대로 인정하고 시작하기로 한다. 과학의 경우, 어떤 주어진 명제에 도입된 증거를 따로 떼어내기 시작한다면 특정 주제와 연관된 다른 모든 상충되는 전제들이 제 역할을 감당할 수 없게 되어 버린다.

모든 증거는 그것에 찬성하거나 반대하는 사람 모두가 공유하는 출발점, 곧 양자 모두가 인식하는 근거를 전제로 갖는다. 모든 원리를 부정하는 사람과 더불어 논쟁하는 것은 가능하지 않다. 학문의 분야별로 제각기 의존하고 있는 전제는 물론 증거들조차도 다양한 차이를 보인다. 수학과 자연과학의 차이는 물론, 철학과 역사도 그 차이는 마찬가지다. 구조와 수량, 힘과 정도에 있어서 각각 의존하고 있는 주제와 그것을 대하는 사람의 태도에 차이가 생긴다.

수학적 증거는 최소한의 전제를 설정한다. 왜냐하면 수학은 매우 설득력이 강한 특성을 소유하고 있는 가장 보편타당한 학문이기 때문이다. 논리적인 증거는 수학보다 훨씬 더 많은 전제들로부터 도출되기 때문에 결과적으로 상대방을 납득시킬 수 없는 경우가 흔하다. 역사적 증거는 주제에 대한 호소력이 더 강하다. 그 결과 때때로 설득력이 약하고 대부분의 경우에는 개연성을 낳는 정도로 그치고 만다. 그러나 과학은 어떤 증거를 제시할지라도, 항상 인간 본성의 단일성과 일관성에 기초하여 구성된다. 따라서 과학도 감각의 신뢰성, 논리적 규칙의 타당성, 인식 가능한 진리의 존재와 하나님의 진실성에 대한 믿음에 의존한다. 과학은 여러 가지 형이상학적, 논리적, 심리학적, 윤리적 전제들에 토대를 두고 있다. 이 전제들의 특성은 선험적 확증성, 자체적 포괄성, 자명성, 증명 불가능성인데, 이것은 모든 증거를 전달하는 매개체(vehicle)와 같다. 이런 것 너머까지 탐구할 목적으로 의심만 품고 시작하는 사람은 과학의 토대를 손상시키게 되고 궁극적으로 확실성을 얻는 것이 모두 불가능해진다.

종교의 영역에서도 이런 점이 더욱 잘 반영된다. 종교와 도덕이 없이 자라난 사람은 아무도 없기 때문에 모든 종교를 중립적이고 편견 없이 대하는 것은 불가능하다. 어떤 종교의 진리를 증명할 목적으로 오직 상상 속에서만 존재하는 추상적이고 생기 없는 존재(신)를 만드는 것은 헛되이 시간을 낭비하는 일이다. 누구나 어린아이 시절에 어떤 언어를 배우며, 또한 그 언어를 통해서 자신의 일생 동안 모든 생각과 뜻을 주관하는 종교적이고 도덕적인 여러 개념들을 받아들인다.

궁극적으로 단 하나의 종교만 선택하기 위하여 어떠한 선행적(先行的) 판단도 없이 모든 종교를 연구하려고 하는 현대적 방법론은 온갖 종류의 물리치기 힘든 실천적, 이론적 반대에 봉착하게 된다. 태어나고 자라면서부터 사람의 마음에 심겨진 모든 확신과 선입견을 세거하려는 시도가 불가능하다는 것은 과학적 탐구를 시작하기 전이든 그것을 진행하는 중에든 곧바로 알 수 있다. 철저한 불신자의 경우에 있어서도 어린 시절에 받은 종교적 인상이 있을 경우 그것은 지속적으로 어떤 영향력을 행사한다. 심지어 신학 교육기관들이 비록 종교 교육기관들로 변해왔다고 할지라도, 로마 가톨릭, 루터교회, 혹은 개혁교회의 기원과 종교적 환경의 영향력이 계속해서 감지된다.

더 나아가서, 비교종교학을 통해서 순수 종교에 도달하는 방법은 과학의 이름을 빌어서 이론적으로 정죄를 받아도 무방하다. 어떤 과학 분야의 도움을 받아서 다양한 종교를 연구하는 사람은 누구든지 자신들이 인간 정신의 병리학보다 더 발전되고 다른 무엇인가를 연구한다는 신념으로부터 출발하게 된다. 그는 하나님의 존재, 형이상학의 가치와 권리, 종교의 역사 속에 있는 통일성과 발전의 관념 및 그것의 계획과 목적으로부터 종교적 진리를 도출한다. 여러 종교를 연구함에 있어서 그것들을 서로 비교하고, 각각의 종교가 가진 참되고 독특한 가치에 따라 판단하고자 할 때, 우리에게 필요한 것은 아무리 애매모호하고 일반적인 것일지라도 위와 같은 연구와 가치 평가에 앞서서 그것을 지도하고 다스리는 하나의 기준, 하나의 종교적 관념이다. 순수하게 실증적인 개념을 가진 과학은 신학은 물론 비교종교학에서도 지지를 받지 못하는 법이다.

게다가 종교학은 한 가지 중요하고 유익한 점을 제시했다: 그

것은 다른 모든 종교들에 비해 기독교가 가진 우위성을 확실히 드러
내준 것이다. 유럽과 북미에 산재한 몇몇 연구단체들이 불교나 이슬
람교의 우위성을 인정하고 공식적인 종교를 바꾸었다는 것은 사실이
다. 기독교가 필요하지 않다고 느끼는 계층들이 더 늘어나면서 일생
동안 기독교를 싫어하면서 기독교 없이도 풍요로운 삶을 살 수 있다
고 생각한다. 실제로, 무수한 숫자의 사람들이 인본주의적 자만심이
나 실천적 무관심 때문에 기독교에 등을 돌리고 이방종교에서 만족을
찾고 있다.

그럼에도 불구하고, 기독교의 종교적이고 도덕적인 구조가 여
타 종교들의 그것보다도 훨씬 더 우월하다는 사실은 전혀 변함이 없
다. 기독교를 제외하면 자연과 역사, 인간과 세계, 마음과 양심에 그토
록 친밀하게 다가오는 진리와 참된 실재는 찾아볼 수 없다. 우리 자신
과 세계에 대한 지식은 성경에 계시된 하나님에 대한 지식이 참되다
는 사실을 끊임없이 입증해준다.[1] 이것은 창조세계를 통해서 도달하
는 길을 비추는 빛이며, 모든 자연과 인류의 전체 역사가 명백히 드러
내고 확증해주는 진리이다. 만약 기독교와 그 모든 영향력이 우리 사
회와 문화로부터 갑자기 사라져 버린다면, 우리가 무엇을 잃어버렸고
또한 얼마나 비참한 영적 빈곤 상태로 곤두박질치게 될지 짐작하지도
못할 것이다. 기독교가 참된 종교가 아니라면, 종교의 영역에 있는 진

---

1) 바빙크는 존 칼빈의 『기독교 강요』 1권 1장 1절에 서술된 두 가지 지식을 가리키는 듯
이 보인다: "우리가 가진 거의 모든 지혜, 말하자면 궁극적으로 참되고 올바른 지혜는
하나님을 아는 지식과 우리 자신을 아는 지식 두 부분으로 이루어진다."

리를 포기하고 체념할 이유가 충분하다. 실천적이고 구체직인 관점에서 볼 때, 믿음의 확실성에 관한 질문은 다음과 같이 표현할 수 있다: 기독교의 진리가 우리에게 확신을 주려면 어떤 방식으로 증명될 수 있으며 또 우리 영혼에 인상을 남길 수 있는가?

우선 두 가지 방식을 제시할 수 있다. 첫째, 하나님의 실존과 영혼의 독립성 및 불멸성의 증거를 통해서 자연신학의 진리를 증명하는 방법이다. 둘째, 이 접근 방식은 기독교의 진리를 위한 증거를 사도들과 선지자들과 성경의 기적들, 예수님의 가르침과 생애, 교회의 존속과 확장 등으로부터 이끌어낸다. 이것은 합리적이고 과학적인 방법으로 우리에게 확신을 주는 접근 방법을 추구한다.

이런 방식은 금지되고, 불가능하며, 혹은 아무 유익이 없는 방식도 아니다. 선지자들과 사도들과 예수님께서도 말씀을 듣는 사람들이 믿음에 이르도록 사용하신 방식이다. 예수님이 행하신 기적은 자신이 하나님의 아들이심을 드러내는 징표요, 아버지께서 그의 안에 계시고 그도 아버지 안에 있으므로, 그가 하신 일에 근거하여 자신의 인격에 대한 믿음을 요구하시는 것이다(요 10:38). 기독교 신학자는 반대자들을 침묵하게 만들고 믿음에 이르는 길을 정화하기 위하여 언제나 이 증거들을 사용하였다. 이 증거들은 기독교의 수호자들에게 과학의 모든 공격을 물리칠 수 있는 무기로 제공되었다. 이 증거들은 그들의 믿음의 대상을 과학에 종속시키려는 비판에 대항하여 자신들을 능숙하게 방어할 수 있도록 해주었다. 그리고 그리스도인들은 불신을 지지하는 증거보다 믿음을 지지하는 증거가 당연히 더 많다는 것을 보여줄 수 있었다.

그러므로 의심과 불신 때문에 신비주의와 불가지론의 방벽 뒤로 물러나서 이러한 증거를 제거해 버리는 일은 잘못된 것이다. 자신이 가진 믿음의 근거를 미리 체념해버리는 사람은 전투에 합당하기보다는 패배를 준비하는 사람이 되고 만다. 과학 분야에서도 믿음을 가진 사람들은 자신들 마음에 있는 소망에 대한 이유를 제시함으로써, 그들이 가진 근거가 올바르다는 것을 견고하게 믿으면서 대적들의 입을 막고 그들의 공격을 물리치는 소명을 받았다.

궁극적으로, 기독교는 역사적인 측면을 가지고 있다. 그것은 유한성이라는 형식으로 이 세계에 들어온 하나님의 영원한 뜻을 담고 있다. 그 중심점은 말씀의 성육신이며, 성육신은 세계의 각 부분을 전체로서 형성하는 길고도 풍요로운 역사적 계시에 의거하고 있기 때문에 역사적인 연구로 접근이 가능하다. 비록 기독교의 진리를 믿도록할 수 있는 증거가 충분하지 않다고 할지라도, 다른 한편으로 계시의 역사성이 증명될 수 없다면 기독교 진리에 대한 믿음은 분명히 존재할 권리도 없을 것이다. 믿음은 신뢰임은 물론이거니와 또한 지식과 동의이므로 정교하게 고안된(비역사적) 우화를 갖고는 존속될 수 없다.

성경의 신적인 증언을 뒷받침하는 증거는 믿는다는 것이 최소한 불합리하거나 몰상식하지 않다는 점을 명확히 보여줄 능력을 갖고있다. 우리가 수학적 증거에 호소할 필요가 없다는 것은 분명하며, 또한 그런 증거는 역사의 어떤 분야에도 쓸모가 없다. 역사는 수학적으로 해결할 수 있는 문제가 아니기 때문이다. 그럼에도 불구하고, 계시의 내적이고 외적인 특성은 반대자들에 대항해서 그 수와 능력에 있어 이치에 어긋남은 없다.

오랜 세월 동안 성경의 진실성과 신뢰성에 도전하기 위한 목적으로 수많은 논쟁들이 도입되었으나, 그 대부분은 납득할 수 없고 철회할 수밖에 없는 것들임이 곧바로 드러났다. 아돌프 폰 하르낙(Adolf von Harnack, 1851-1930)은 가장 오래된 기독교 작품들 속에서 기만과 왜곡의 연속을 볼 수 있는 시대는 과거로 지나갔다고 선언했다. 왜냐하면 기독교의 기원에 대해 우리가 가진 연구 보고들을 폭넓게 개관해 보면 틀린 점이 없기 때문이라고 했다. 이집트와 아시리아 등지의 고고학적 발견으로 인해 모세 시대의 문화가 궁핍하다는 것과 십계명이 그 당시에 전해지기가 불가능하다는 모든 주장은 완전히 근거 없는 것임이 분명히 확증되었다. 만약 우리가 성경에서 평범한 역사와 죄로 물든 사람의 이기심과 마음의 냉혹함이 아무런 역할도 하지 못했다는 것을 다루고 있다면, 이런 사실들의 진리성에 대한 증거는 일반적으로 충분하다고 여길 것이다. 그러나(이런 역사적 증거를 넘어) 우리의 불신앙에 대한 책임은 하나님과 그분의 계시가 아니라 우리 자신에게 있을 뿐이다.

증거의 불충분성

위와 같은 사실에도 불구하고, 사람의 마음에 자리 잡은 주관적 성향 때문에 아무리 많은 증거가 있어도 믿게 만들기에는 충분하지 않다. 복음서에 쓰인 단어 하나하나 그 자체의 능력으로는 부족하다. 그러면 어떻게 해야 이 단어들의 진리성이 인간적 증거에 의해서 강화될 수 있는가? 인간적 증거는 대체적으로 과학적 특성을 지니고 있으며 상당한 양의 연구와 성찰의 결과물이다. 물론 이런 증거는 발견된 직후에야 비로소 쓸모를 인정받기 시작했다. 하지만 이제는 이런 증거들의 존재를 높은 수준의 교육을 받은 사람들도 알고 이해하게 되었다. 그런데 더 깊고 면밀한 연구와 성찰을 통해 살펴보면 이런 증거들이 지닌 능력의 일부나 전부가 상실될 수도 있다. 그러므로 인간적 증거들은 특정한 과학적 분야의 노력에서는 중요하지만, 종교에 있어서는 제한적 가치만을 지닌다. 왜냐하면 어느 누구의 종교적 삶도 그러한 증거들에 기초하고 있지 않을뿐더러 그것들에 의해 성장하지도 않기 때문이다. 우리는 이런 사실에 대해 감사하게 생각할 수 있다. 우리에게 하나님의 말씀으로 주어진 계시는 모든 사람 – 배운 사람들에게는 물론이거니와 평범한 사람들 – 에게도 주어진 것이다. 계시의 진리는 오직 지혜롭고 학식 있는 사람들만 접근 가능한 과학적 연구에 달려 있는 것이 아니다.

따라서 계시가 전적으로 고유한 특징을 지니고 있는 이유가 바로 여기에 있다. 계시의 특징은 역사성에 있다. 계시는 인류의 삶과 역사 속에서 하나의 자리를 차지하는 말씀과 사실로 이루어져 있다. 그러나 계시의 전체적인 발전은 하나의 특별한 신적 관념에 의해 좌우된다. 계시는 자신만의 고유한 생명을 가진 유기체이다. 계시 안에서 역사하는 힘은 지상이 아니라 하늘에 속한 것이며, 시간에 얽매여 있지 않고 영원하며, 인간적인 능력을 넘어서는 신적인 권능이다. 육체 가운데 전체를 나타내셨으나, 이 육체는 말씀이 거하시는 육체요, 하나님과 함께 거하는 말씀이시자 그 말씀은 곧 하나님이시다(요 1:1). 이것은 더 이상 우리와 관계가 없는 먼 과거에 일어난 사건에 대한 증언이 아니라, 지난 날 하나님이 행하신 놀라운 일들의 증언이요, 지금도 여전히 하나님으로부터 인간에게 오사 하나님과 교제하는 자리로 되돌아오라고 부르시는 말씀이다.

일반적으로 역사란 사건들을 모아서 합쳐 놓은 것이 아니라 하나의 단일한 개념으로 함께 연결된 사건들의 유기적 연합체인 것처럼, 특별계시의 영역에 속한 말씀과 사실도 하나의 사유, 계획, 목적에 의해 좌우되는 어떤 체계를 구성한다. 이것을 이해하지 못하는 사람은 계시가 무엇인지 깨닫지 못한다. 이런 사람은 유기체로부터 마음, 영혼, 생명을 도려내고 산산이 조각내어서 납골당에 안치하게 될 마른 뼈대만 남겨둔다. 그렇게 되면, 계시로부터 가치를 이끌어내는 말씀과 사실은 단순히 자연적인 수준에서 설명되어야 하고 인간적인 기준을 통해 판단받아야 하기 때문에 그 본질적 의미와 중요성을 상실하게 된다. 이런 경우에는 성경의 통일성, 믿음의 단일성, 교회의 하나임, 신학의 일치성은 불가피하게 사라져버리고 만다.

　　만약 계시의 역사를 그 자체의 고유한 관념적 시각에서 이해하고 서술하지 않는다면 일반적이고 자연적인 의미에서 역사의 존재성도 상실된다. 만약 우리가 성경을 다른 역사적 근거들을 대할 때와 동일한 요구를 하는 자리에 놓게 된다면, 성경은 끊임없이 우리에게 실망을 안겨주게 된다. 구약 성경은 우리에게 평범한 이스라엘의 역사를 서술하게 해주는 책이 아니다. 복음서는 예수님의 생애에 대한 연속적인 이야기로 보기에는 그렇게 적당한 책이 아니다. 우리가 여러 서신서를 1세기에 살았던 사도들의 생애나 교회의 역사에 정통하기 위한 목적으로 사용한다면 늘 실망하게 된다. 왜냐하면 이 모든 작품들은 오직 믿음의 관점으로 기록된 것이기 때문이다. 이 작품들 중 그 어느 것도 소위 무전제적이고 과학적이며 역사적인 연구의 산물이 아니며, 오직 믿는 사람들의 증거일 뿐이다. 계시라는 생각과는 무관하게 이스라엘의 통상적인 역사, 예수님의 생애, 혹은 사도들의 생애를 서술하려고 시도하는 사람은 연속적이고 전체적인 모습을 그려내기 위하여 추측으로 틈새를 매우고, 근거자료들을 교정하고 비평하며 드러내면서 끊임없이 가설에 의존할 수밖에 없다는 사실을 깨닫게 될 것이다.

　　계시의 이러한 특별한 성격 때문에 평범한 역사적 사건들의 진리를 확증할 때와 마찬가지 방식으로 합리적인 과학적 증거들은 정당한 의심을 넘어서 기독교의 진리를 확증하기에는 불충분하다는 사실을 즉시 알게 된다. 그 모든 증거들은 오직 외적으로 드러난 사실만을 다룰 뿐, 그 사실들의 중심과 본질을 꿰뚫지는 못한다. 고대 교회의 교부인 아타나시우스(Athanasius)의 말처럼, 빈 무덤으로 인도함은 받을 수 있으나 살아 계신 구세주에게 이르지는 못한다. 로마 가톨릭의 체계 속에서는 세례를 통해서도 초자연적인 은혜를 받기에는 충분하다고 하는데, 개신교도 그것이 무의미하다고 보지는 않으나 결코 진실하고 참된 믿음일 수는 없다.

역사적 신앙은 계시를 과거에 일어났으나 이제는 더 이상 우리와 관계없는 평범한 역사로 축소시켜버림으로써 하나님의 말씀으로부터 핵심적인 진리, 즉 오늘날도 여전히 계시가 복음, 구원의 기쁜 소식이 된다는 사실을 제거해버린다. 이렇게 되면, 계시는 우리 마음과 전적으로 무관하고 인생에 아무런 방향 전환도 제시해주지 못한 채, 그저 몇몇 과거 사건에 대한 합리적인 동의에 불과해질 뿐이다. 로마 가톨릭도 이런 믿음은 구원에 이르기에 불충분하다고 주장한다. 로마 가톨릭의 신앙고백에 의하면, 사람이 의롭고 거룩해지기 위해서는 믿음에 사랑이 보완됨으로써 사랑으로부터 믿음의 형식과 특징을 받아야 한다고 본다. 이렇게 사랑을 보완한다고 해도 믿음의 본질에는 실질적인 변화가 일어나지 않는다. 평범하고 역사적인 믿음의 특성에 아무런 도전이 되지 않는다. 로마 가톨릭은 의심스런 방식을 통해서 인간의 책임을 믿음으로부터 사랑으로, 복음으로부터 율법으로, 종교로부터 도덕으로 옮겨버린다.

종교 개혁은 로마 가톨릭의 이런 시도에 대항해서 계시는 단지 과거 사건의 이야기가 아니라 우리를 향한 하나님의 말씀이라는 입장을 취했다. 따라서 믿음은 역사적 기록이 진리라는 것에 단순히 동의하는 것이 아니라 구원의 기쁜 소식을 진심으로 신뢰하는 것이다. 종교개혁은 계시의 본래적 특성을 되찾음으로써 하나님과 인간 사이의 인격적 관계를 믿음으로 회복하였다. 따라서 하나님과 인간이 다시금 *(종교로) 맺어지게* 만들었다.[2]

자유주의적 해법

우리가 지금까지 인용한 근거들은 역사적 증거를 논박하는 것이었으나, 많은 신학자들은 프리드리히 슐라이어마허(Friedrich D. E. Schleiermacher, 1768-1834)를 따라 기독교의 진리를 증명하고 사람들에게 믿음의 확실성을 주기 위해서 또 다른 방법인 경험적 방법을 옹호하기 시작했다. 이것은 성경 안에서 우리에게 주어진 계시, 특히 예수 그리스도의 인격 안에서 주어진 계시가 유일한 특성을 갖고 있다고 보는 방법이다. 그것은 증거를 통해서 이성이 받아들일 수 있게 해주는 과학적 명제의 산물이 아니다. 또한 그것은 단순히 지적인 동의만

---

2) 바빙크는 존 칼빈의 『기독교 강요』 1권 12장 1절, '참된 종교는 우리를 유일하신 하나님과 하나로 묶는 것이다.'를 가리키는 듯이 보인다.

을 요구하는 교리도 아니다. 오히려, 성경의 계시는 생명이다. 왜냐하면 그것은 종교적·윤리적 내용을 담고 있으므로 사람이 구원에 이를 수 있도록 지혜롭게 만들고 세상으로부터 독립시켜서 하나님의 자녀가 영광스런 자유를 누리는 자리에 설 수 있도록 해주기 때문이다.

그러므로 이런 계시에 담긴 진리는 오직 양심, 마음, 의지에 의해서만 인식될 수 있다. 그것은 실천적으로 경험되어야 하고, 경험적으로 알려져야 한다. 왜냐하면 우리는 그것을 영혼으로 느껴야 하기 때문이다. 성경은 마음이 순수한 사람이 하나님을 볼 것이라고 말하고 있지 않는가? 오직 거듭난 사람들만이 하나님의 나라에 들어갈 것이라고 말하고 있지 않는가? 오직 하늘에 계신 아버지의 뜻대로 행하는 사람들만 예수님이 스스로 말씀하신 것이 아니라 하나님으로부터 받은 것을 가르치셨다고 고백한다.

그리스도의 복음은 무엇보다도 도덕적 존재로서의 사람에게 하신 말씀이 아니다. 복음은 사람을 양자택일, 즉 세상과 죄에 얽매여 살든지, 아니면 성경과 교회 속에 있는 그리스도의 형상이 끼치는 영향력 속에 담긴 새 생명의 자유를 공유하든지 하는 윤리적 결단의 자리에 마주서게 한다. 교회 안에 있는 믿음에 합류하여 자신이 그리스도의 형상에 감화를 받도록 하는 사람들은 구원의 경험을 누리게 될 것이다. 복음은 양심을 위로하고, 마음에 평안을 안겨주고, 의지를 강하게 만들어주며, 한 사람의 인격 전체에 새로운 생명으로 살 수 있는 힘을 부여해준다. 이런 경험은 기독교 진리와 그리스도 안에 있는 하나님의 은혜 및 하나님 나라의 시민이 되었다는 것에 대한 확신을 심어준다.

이런 경험 위에 기독교의 진리와 구원의 확실성을 올려놓는 사람들을 보면, 이런 경험의 내용뿐만 아니라 그 특징에 있어서도 뚜렷한 차이점이 존재한다. 이들 중에 어떤 사람들은 경험이란 성령의 특별한 사역의 열매라고 생각한다. 다른 사람들은 그것을 성경 안에서 우리에게 말씀하시고 교회 안에 살아 계신 그리스도의 형상의 열매라고 간주한다. 또 다른 사람들은 그것을 모든 사람의 마음과 양심이 때때로 겪게 되는 종교적이고 도덕적인 경험의 더욱 발달된 모습에 지나지 않는다고 생각한다.

유사하게도 이런 경험의 내용에 대해서는 상당한 견해의 차이가 존재한다. 일례로, 온전한 신앙고백적 교의신학을 이 같은 경험 위에 쌓아올리려는 부류 중에는 루터교회가 있다. 경험으로부터 성경의 종교적 · 윤리적 진리나 그리스도의 인격과 사역에 대한 교리를 추론하는 사람들도 있다. 이러한 경험은 오직 그리스도의 내적 생명, 곧 예수님의 윤리적 위대함 – 그가 행하신 기적들, 초자연적인 출생, 부활과 승천을 제외하고 – 만을 입증해준다고 믿는 사람들도 있다. 심지어 하르낙은 최초의 복음에는 그리스도의 인격에 대한 것은 담겨있지 않다고 주장하기도 하였다.

확실성의 근거로서의 경험

　종교적 경험의 본성과 내용에 대한 다양한 관점들은 우리가 진리와 오류 간의 차이를 주의 깊게 구분하고 오해를 방지하는 데 유의해야 한다는 점을 명확히 해준다. 우리가 더 깊이 성찰하면 할수록 점점 더 확신하게 되는 한 가지는 이것이다. 만약 우리가 경험을 감각적 지각 ─ 우리가 경험 과학에 대해 말할 때처럼 ─ 이란 의미로 이해하게 된다면, 종교적 지식에서 경험이 차지할 자리는 없어지게 된다. 기독교 신앙의 진정한 내용은 넓은 의미든 좁은 의미든 그것에 포함된 것들이 단지 도덕적 진리든 아니면 그리스도의 인격, 삼위일체, 성육신과 속죄든지 간에, 전적으로 경험을 초월하는 것들이다. 이런 것들은 눈으로 볼 수도 없고, 귀로 들을 수도 없고, 자로 재거나 무게를 달아볼 수도 없는 것들이다. 결국 실험을 통해서 경험적인 믿음의 진리를 입증한다는 것은 완전히 불가능하다.

　경험을 내적인 경험의 의미로 파악한다면, 기독교 신앙이 풍성한 경험을 동반한다는 것은 의심의 여지없이 참이다. 죄책감, 죄에 대한 염려, 양심의 정죄, 죽음과 영원에 대한 두려움, 구원의 필요성, 그리스도 안에 있는 소망, 그리스도의 피로 얻는 평안, 하나님과의 화목, 성령을 통한 하나님과의 교제, 마음의 위로, 영혼의 기쁨, 미리 맛보는 영생, 겸비하고 위안을 주는 다양한 경험들, 많든 적든 이 모든 것들은 기독교의 구원의 길을 따르는 사람들의 인생에 모두 속한 것이다.

기독교 신앙은 처절하게 낙심하여 신음하는 영혼으로부터 복과 환희에 겨워 즐거운 노래를 부르는 영혼에 두루 이르기까지 사람의 마음에 있는 모든 정서의 세계를 일깨운다.

그런데 이 모든 경험은 믿음을 전제로 하고 또 믿음을 동반하며 따라가는 것이다. 이것들은 믿음의 근거가 아니므로 믿음에 선행하지는 않는다. 성경이 죄에 대해 가르쳐 주는 것을 믿지 않으며 또 그것을 하나님이 주신 계시라고 인정하지 않는 사람은 죄책감을 극복할 수도 없다. 예수 그리스도가 이 세상의 구세주라고 고백하지 않는 사람은 그의 피로 죄를 사해주시는 것을 믿지 않는 사람이다. 이와 비슷하게, 성령의 역사를 믿지 않는 사람은 성령과의 교제를 결코 맛볼 수 없다. 하나님의 존재를 의심하는 사람은 하나님의 자녀와 상속자로서 누리는 기쁨을 누릴 수 없다. 한 마디로 말해서, 하나님께 나아오는 자는 하나님이 존재하신다는 것과 그분을 찾는 사람들에게 상을 베푸신다는 것을 믿어야 한다(히 11:6).

기독교 신앙의 내용을 구성하는 이 모든 진리들은 그 본성상 개인적으로 경험하기는 불가능하다. 궁극적으로, 이 진리들은 선천적으로 타고 나는(본유적) 관념이 아니다. 단지 이것들에 대해 힘들여 사유하는 것만으로는 우리 마음에 숨겨진 보화로부터 그 진리들을 훑어서 찾아낼 수 없으며, 오직 누군가가 우리에게 그것들에 대해 이야기해줄 때에만 깨달을 수 있다. 사람의 본성으로는 알 수 없는 진리는 이것이다: 전능하사 천지를 창조하신 하나님 아버지, 하나님 아버지의 독생자 예수 그리스도께서 성령으로 잉태하사 동정녀 마리아에게서 나시고 본디오 빌라도에 의해 고난을 받아 십자가에서 죽으시고 장사된 후 음부에 내려갔다가 올라오셔서 사흘 만에 부활하시고 승천하사 산 자와 죽은 자를 심판하시기 위해 다시 오실 것과, 성령께서 우리를 거듭나게 하사 진리로 인도하시고, 오직 하나의 거룩한 보편 교회에 하나님께서 성도의 교제와 죄의 용서와 육체의 부활과 영원한 생명을 선물로 주신다는 것이다.

하나님의 자녀가 되는 경험으로부터 부활이라는 진리를 이끌어내는 것은 믿는 사람들 모두가 공히 행하는 것이었다. 실제로 부활의 능력은 믿는 사람들 속에 계시되었다. 새로운 영적 생명이 부활이라는 근원으로부터 믿는 사람들에게로 흘러간다. 그들은 그리스도의 부활을 통해서 살아 있는 소망을 향해 거듭난다. 믿음, 죄 용서, 영광의 소망, 그리스도 안에서 죽음, 이 모든 것들은 부활 위에 세워진다. 부활이 없다면 이 모든 경험은 헛된 환상일 뿐이다.

그럼에도 불구하고, 성경과 무관하게 그리스도 부활의 실재성을 하나님의 자녀들이 갖는 새 생명으로부터만 이끌어낼 수 있다고 하는 생각은 자기기만에 불과하다. 그리스도인들은 자기가 오직 사도들의 증거를 통해서만 그리스도의 부활이 주는 새로운 생명을 갖게 된다는 것을 알고 있다. 오직 이것만이 부활의 진리를 이 땅에서 알 수 있는 유일한 길이다. 그리스도의 부활의 능력을 내적으로 경험한다는 것은 그 부활에 내재된 믿음을 전제로 한다. 이것이 없다면, 믿는 사람들은 부활의 경험이 무엇을 위한 것인지 올바르게 인식할 수 없기 때문이다.

경험의 실패

교회의 종교적인 경험으로부터 기독교 세계의 객관적인 사실들을 결과에서 원인으로 거슬러 올라가는 이성적 추론을 통해 도출해 내려고 하는 방법은 마땅히 거부되어야 한다. 성경은 결코 우리에게 그런 방향으로 행하라고 지시하지 않는다. 고린도전서 15장을 보면, 사도 바울은 고린도 교회에 그리스도인들이 공유하는 복과 그리스도의 부활 사이에는 분리 불가능한 단일성이 존재한다는 것을 지적하고 있다. 그러나 이런 사실은 사도 바울이 오직 성경의 증거와 부활하신 구세주의 나타나심을 확증하고 난 다음에야 비로소 알려주는 것이다. 성경은 믿는 사람이 결코 자기 자신에게만 의존하도록 만들지 않는다. 성경은 언제나 믿는 사람을 객관적인 말씀-율법과 증거-에 붙들어 맨다. 우리가 이 말씀에 따라 말하지 않는다면 여명을 밝혀줄 빛을 소유하지 않은 것과 마찬가지다. 우리가 주님의 말씀을 받아들이지 않는다면, 어떤 종류의 지혜를 소유하고 있다는 말인가? 교회는 사도들과 선지자들의 터 위에 지어진 것이다. 그러므로 사도 바울은 다른 복음을 전하는 사람들에게는 하나님의 저주가 임할 것이라고 경고하였다.

우리는 우물가에 있던 사마리아 여인의 말반 듣고는 믿을 수 없고, 오직 자신들이 그리스도의 말씀을 직접 듣고서 그분이 참으로 세상의 구주이심을 알았다고 했던 사마리아 사람들의 말을 상기해보면 그들을 반박할 수는 없다(요 4:42). 우리가 이로부터 확실히 결론 내릴 수 있는 것은 복음에서는 모든 것이 개인적인 믿음의 문제, 곧 개인적인 확신으로 직결된다는 것이다. 그러나 이것은 믿음이 독립적인 것이라거나 아니면 믿음이 점차로 사도들의 증거로부터 독립적이 되어야 한다는 뜻은 결코 아니다. 사도들은 우물가의 여인이 자신의 동네 사람들과 관련해서 가졌던 것과 완전히 다른 성격의 문제를 교회와의 관계 속에서 안고 있었다. 그들은 예수님을 만나자마자 그분의 말씀을 듣고 또 그분이 하신 일을 보았다. 그러나 우리는 예수님을 만나지도 않았고, 사도들이 전하는 증거를 제외하면 그분의 말씀을 들을 수도 없고 그분을 볼 수도 없다. 따라서 그리스도와 우리의 관계는 그분의 말씀과 우리가 맺는 관계와 밀접히 연결되어 있는 것이다.

사도 요한은 믿는 사람들은 그리스도를 위하여 성령의 기름부음을 받았으므로 모든 것을 알며 그들을 가르쳐줄 사람이 필요하지도 않다고 증언한다. 그러나 사도 요한의 이 말은 믿는 사람들이 이성적 추론을 통하여 자기 자신들로부터 진리를 도출할 수 있다는 의미가 아니다. 사도 요한이 기록한 글을 읽게 될 독자들은 이미 복음의 선포를 경험한 사람들이었다. 복음의 내용을 알고 있는 그들로서는 아마도 복음의 내용에 부합하는 것 그 이상을 가르쳐줄 사람이 필요했던 것은 아니었다. 그들은 오직 처음부터 그들이 들었던 것을 붙잡아야만 했으며, 그럼으로써 하나님 아버지와 그 아들 예수 그리스도 안에 머물게 되는 것이었다. 사도들은 그들이 보고 들은 것을 선포한 것이다. 그럼으로써 믿는 사람들이 자신들과 관계를 맺음은 물론이거니와 하나님 아버지와 그 아들 예수 그리스도와 관계를 맺게 하려 함이었다.

본질적으로, 기독교 신앙의 모든 진리는 외부로부터 우리에게 오는 것이다. 오직 계시를 통해서만 진리가 우리에게 알려지며, 우리가 어린아이와 같은 믿음으로 받아들일 때에만 우리의 소유가 되는 것이다. 믿음은 참되고 구원하는 믿음일 뿐만 아니라 언제나 지식을 포함하는 믿음이다. 아무런 매개도 없이 직접 얻는 지식도 아니고, 얼굴과 얼굴을 대면하여 바로 알게 되는 지식도 아니며, 눈으로 직접 보고 얻는 지식도 아니다. 개인적인 연구, 논증과 증명, 관찰과 실험을 통해서 얻게 되는 지식도 아니다. 그것은 오직 믿을 만한 증인으로부터 얻어지는 지식이다. 우리가 이런 방법으로 진리를 알고 인정하기 전까지는 우리 마음에서 신뢰를 일깨우고 여러 종류의 경험들을 불러일으킬 수도 없다. 기독교 신앙이 그만의 고유한 특성을 간직하는 한, 지식과 동의라는 믿음의 두 요소는 부정될 수 없는 것이다. 오직 믿음이 그 기독교적인 특성과 내용을 완전히 빼앗겼을 때에만 이런 요소들이 없어질 수 있으며, 그럴 때에는 믿음이 또한 종교적인 개념이기를 포기하는 것이기도 하다. 지금도 여전히 하나님, 덕, 불멸성이라는 세 가지 요소에 집착하고 있는 합리주의는 그 초점이 더 이상 믿음이 아니라 행위요, 종교가 아니라 도덕에 맞춰져 있다.

여러 경우에 있어서 모든 것이(혹은 아무것도) 경험으로부터 도출될 수 없기 때문에 - 이것이 정당성이 없는 것은 아니지만 - 경험적 방법이 부적절하다는 것은 상당히 명백하다. 모든 종교는 정서와 경험을 일깨운다. 만약 그것들이 우리가 믿음의 진리와 내용에 따라 판단할 수 있는 권리를 준다면, 즉 철학적 언어로 표현하자면, 만약 가치판단이 존재를 판단하는 근거이자 증거라고 할 때, 불교신자는 자신의 경험으로부터 열반의 진리에 따라 판단할 수 있고, 신비주의적 이슬람교신자는 자신이 느낄 수 있는 하늘의 실재에 따라 비슷하게 추측할 것이며, 로마 가톨릭 신자는 동정녀 마리아를 숭배하는 권리에 맞추어 생각할 것이다. 이 모든 것은 친첸도르프(Zinzendorf)가 믿음에 필요한 궁극적 근거를 제시하며 말한 것과 일치한다: '내 마음이 나에게 그것을 말하므로 내게 그러하다(Es ist mir so, mein Herz sagt mir das).'

본질적인 부분을 들여다보자면, 이런 경험적 방법은 순서를 뒤집고 경험을 믿음의 근거로 만들어버린 경건주의의 방법과 유사한 것임을 알게 된다. 그러나 차이점이 있다면, 경건주의는 죽은 정통주의에 대항하여 이 방법을 사용했으나 기독교의 객관적 진리에 의심의 그림자를 드리우려고 하지는 않았다는 점이다. 그런데 최근에 이 방법이 사람들의 주목을 받는 이유는 믿음의 확실성이 상실되어버렸기 때문에 경험적 방법만이 믿음의 확실성을 회복할 유일한 방법으로 여겨지게 되었다는 것이다.

경험적 방법은 칸트가 인간의 지적 능력을 감각 세계로 제한하고, 역사비평이 성경의 진리에 대해 의문을 던지고 난 다음에 생겨난 것이다. 그것은 불신앙이 낳은 자녀이지만, 그럼에도 불구하고 어느 정도 믿음을 지킬 수 있다는 은밀한 소망을 품고 있다. 이것은 과학이 영혼 내부의 성소를 존중할 것이므로 종교의 공장[3]이 거기서 아무런 방해도 받지 않고 존속하도록 놓아둘 것이라는 은밀한 소망이다. 이것은 인간의 마음 깊은 어느 곳에 믿음이 자리 잡을 수 있는 작고 아담한 장소가 허락되는 동안에는 모든 것 – 전 세계, 자연, 역사, 감각과 지각, 기억과 상상력, 지성과 이성을 갖춘 온전한 인간 – 을 실증주의적인 과학에 양보해버리는 것과 다름없다[4]. 이런 목적을 달성하기 위하여 한 채의 성곽을 허물고 그 다음 성곽을 무너뜨리면서 인간의 자기 해방과 세속화를 신학과 교의학의 대부분의 영역에까지 적용하도록 허용하는 것이다. 이런 생각을 가장 일관되게 주장하는 해석자들의 관점에서 보면 결국 남는 것은 소수의 보편적인 종교적 관념들뿐이다.

---

3) 바빙크는 여기서 칼빈의 『기독교 강요』 1권 11장 8절에 나오는 '인간의 본성은 우상 공장'(man's nature... factory of idols)이라는 진술을 생각하고 있는 듯이 보인다.

4) 바빙크는 칸트가 『순수이성비판』 제2판(1787년) 서문에서 "나는 믿음을 위한 방을 만들기 위해 지식을 제거해야 했다(I had therefore to remove knowledge, in order to make room for belief)"라고 한 것을 가리키는 듯이 보인다. 칸트는 비판적 이성의 잣대로 기존의 형이상학적 신학 지식을 도그마라고 비판하면서 실천적이고 도덕적인 종교철학으로 신앙의 방향을 바꾼다.

복음을 향한 호소

경험적 방법은 결국 의도된 목표대로 나아가지 않는다. 이 방법은 계시의 종교적 특성을 지지하려고 하지만, 그 계시의 내용을 믿는 사람의 경험에 의존하도록 만들어버림으로써 모든 객관적 진리가 상실될 수 있는 위험에 직면하게 한다. 그럼에도 불구하고, 우리가 고마워해야 할 것은 기독교가 과학이나 철학이 아니라 종교라는 점이다. 사람이 복음을 받아들이게 할 수 있는 것은 과학적 증거나 철학적 논증이 아니라는 사실이다. 일반적으로 말해서, 여기에 적용되는 규칙은 대체적으로 우리를 반대하는 입장에 있는 사람과는 논쟁할 수 없다는 것이다.

특히 이 규칙은 종교의 영역에서 참으로 드러난다. 왜냐하면 복음은 자연인에 대하여 그의 위에 존재하고 또한 그를 반대하는 자리에 서 있다고 제시하기 때문이다. 복음은 그를 향해 의도된 것이지, 그의 생각과 성향에 부합되는 것은 아니다. 복음은 신적인 기원을 주장함으로써 사람의 타고난 본성과는 전혀 다른 성향을 요구한다. 만약 사람이 과학적 추론을 통해서 하나님의 말씀을 억지로 받아들일 수 있다고 한다면, 복음은 힘을 얻는 것이 아니라 도리어 그것을 상실하게 될 것이다. 복음의 특별한 본성, 신적인 기원, 종교적 내용, 구원의 목적 등이 사라져버리고 마침내는 평범하고 오류를 범할 수 있고 합리적이며 인간적인 수준으로 축소되어 버릴 것이다.

만약 합리적인 논증이나 도덕적 경험이 기독교 신앙은 어떻게 하여 존재하는가를 설명할 수 없다면, 그리스도 안에서 계시된 진리를 믿는 마음으로 포용하게 해줄 수 있는 더 나은 방법은 없는 것인가 하는 질문이 생겨나게 마련이다. 이에 대해 두 가지를 제시한다.

첫 번째로 우리가 명심해야 하는 것은 복음이 아무리 오해를 받아온 것으로 보일지라도 결국 모든 반대를 물리치고 한 시대에서 또 다른 시대로 계속 전파되어 왔으며, 또한 복음의 해석에 관련된 모든 차이점들과 상관없이 그 주요한 내용은 바로 예수 그리스도께서 죄인들을 구원하러 세상에 오셨다는 것이다. 이것이 바로 복음이 모든 사람들 — 빠르든지 늦든지, 어리든지 연로하든지에 상관없이 — 과 접촉하는 방식이다. 그들이 받아들이든 안 받아들이든 복음이 다가갈 때에는 믿음과 회개를 요구한다는 것은 변함없는 사실이다. 복음이 우리에게 전파됨으로써 믿고 회개하라고 부르는 것은 우리의 의지와 무관하게 하나님의 작정에 달려있는 것이다. 하나님은 우리가 기독교 신앙을 가진 부모에게서 태어나고 그런 가정환경에서 양육 받게 하심으로써 우리 자신의 공로와 상관없이 그리스도 안에 구원의 길이 있음을 알게 해 주시는 것이다.

요약하자면, 오직 하나의 거룩하고 보편적인 교회, 곧 진리의 기둥과 터로서 경건의 비밀을 간직한 교회만이 존재한다: 성령 안에서 의로워진 육체 속에 나타나신 하나님이시요, 천사들이 증거하고 이방인들 가운데 전파되사 세상이 믿고 영광 가운데 높임 받으신 예수 그리스도가 그 경건의 비밀이시다. 하나님 아버지께서 예수님 안에 계시고 예수님이 하나님 아버지 안에 있듯이 만약 예수님의 모든 제자들이 하나라면 교회의 증거는 분명히 더욱 강력하고 그 영향력도 훨씬 막강할 것이다. 그러면 세상은 자기도 모르게 그리스도께서 하나님 아버지로부터 왔다는 사실을 고백할 수밖에 없을 것이다. 그러나 교회는 지금까지 그 모든 내적 분열에도 불구하고 세상 가운데서 진리의 기둥과 터가 되어 왔다. 교회를 분열시키는 것이 아무리 심각하다고 할지라도 언제나 교회를 하나로 묶고 연합시키는 것을 뛰어넘지는 못했다. 불신앙의 의식이 더 당당하게 자라날수록, 교회는 공동의 적에 대항해서 더 강하게 결속력을 다진다. 교회는 하나이자 영적이고 거룩한 소유를 보존하고 수호해야 한다. 교회가 세상을 향해 고백해야 할 목소리는 많은 물소리처럼 우렁차게 하늘 아래 예수의 이름 외에는 우리를 구원할 수 있는 다른 이름을 주신 적이 없다고 외치는 것이다.

주님의 성령께서는 이와 같은 고백 속에서 이 세상을 죄에 대하여, 의에 대하여, 심판에 대하여 정죄하시는 역사를 이루신다(요 16:8). 하나님은 자연 상태의 어느 누구에게도 증인 없이는 자신을 나타내지 않으신다. 하나님은 자신의 존재를 증명하지도 않으시며 우리의 연구에 따라 자신의 존재가 나타나도록 허락하지도 않으신다. 오직 하나님은 자연과 역사, 인생과 하늘의 뜻을 통해서 우리 마음과 양심에다가 자신을 스스로 증거하신다. 하나님의 자기 증거는 너무도 강력해서 이것으로부터 달아날 수 있는 사람은 물론, 이에 대해 지속적으로 저항할 수 있는 사람도 없다.

인격적인 하나님의 존재에 대해 수많은 반론이 생겨날 수 있다. 그러나 인간의 제한적인 통찰력으로 볼 때, 그것으로 다 설명할 수 없는 다양한 현상과 사건이 존재한다는 것은 이미 모두에게 확증된 사실이다. 이것은 예수 그리스도의 복음에 대해서도 마찬가지다. 복음이 존재한다는 것과 그것이 다양한 방법과 서로 완전히 다른 환경에도 불구하고 우리에게 전해져 왔으며, 우리의 인생 여정 가운데 있는 순간마다 다가온다는 것은 부인할 수 없는 사실이다.

두 번째로 우리가 기억해야 하는 사실은 복음은 끊임없이 우리 마음에 강력한 인상을 남기는 일을 멈추지 않고 있다는 사실이다. 말씀의 본질에 비춰 볼 때, 하나님의 말씀이 우리에게 끼칠 수 있는 합당한 영향은 그 사안의 본성상 도덕적 영향이 유일하다. 하나님의 말씀은 우리의 의지와 마음을 바꿔놓지 않고도 강한 인상을 남길 수 있다. 그럼에도 불구하고, 그것은 공허한 소리나 울리는 꽹과리와는 전혀 다른 것이다. 결코 헛되이 돌아오지 않으며 주께서 보내신 대로 그 모든 임무를 다한다. 말씀은 그 자체로 우리의 길을 비추는 빛이요, 우리 발 앞에 놓인 등불과 다름이 없지만, 우리 영혼의 눈이 멀었기 때문에 그것을 바로 볼 수가 없다. 말씀의 진리는 추론이나 증거에 의존하지 않을지라도, 그런 것들의 도전을 회피하지도 않는다. 우리가 가진 지혜로 하나님의 말씀의 어리석음을 증명했다고 생각하는 바로 그 순간에 말씀은 하나님의 지혜이자 능력임을 스스로 드러낸다. 하나님의 말씀은 인간이 만든 과학이 하는 것처럼 우리 이성의 잣대에 비추어서 받아들일 수 있는 진리 혹은 거부되어야 할 오류와 같이 자신을 연구 대상으로 삼지 않는다. 말씀은 우리의 기준으로 판단을 받거나 인간의 법정 앞에서 정당화되기를 원하지도 않는다. 말씀은 우리의 시야로부터 자신을 높이 들어 올리며 우리의 생각과 욕망을 심판하고 하나님의 법정으로 우리의 모든 존재와 소유를 불러낸다. 말씀은 우리의 인간성 전체, 곧 지성과 이성, 마음과 양심, 가장 깊은 내면에 숨겨진 자아, 우리 존재의 핵심 부분, 하나님과 관계 속에 있는 인간의 모습으로 향해 있다. 그것의 임무는 인간이 하나님과의 화목과 평안과 구원을 필요로 하는 죄인임을 나타내는 것 외에는 없다. 인간에게 이런 은혜를 약속하고 베푸시는 방법은 믿음과 회개밖에 없다.

이상의 두 가지 측면을 고려해볼 때, 복음이 우리에게 들려주는 대답은 우리가 상상할 수 있는 가장 완벽하고 아름다운 종교의 관념으로 다가온다. 한편으로 복음은 은혜와 구원의 가장 기쁜 소식으로서 아무것도—나이나 세대, 인종이나 언어, 계층이나 소유에 상관없이—우리에게 요구하지 않는다. 복음은 아무런 조건도 묻지 않고 요구하지도 않음으로써, 율법이 아님은 물론 모든 법에 맞선다. 그것은 모든 인간에게 공통적인 필요, 곧 비참한 죄로부터 해방되는 것을 전제로 한다는 점에서 널리 인간적인 동시에 온전히 보편적인 것이다. 다른 한편으로, 복음은 인간이 도덕적인 선택, 곧 믿음 안에서 하나님의 선물을 받아들이는 선택을 하거나 아니면 돌같이 굳고 단단한 마음으로 하나님의 선물을 멸시하는 선택을 하는 상황에 직면하게 한다.

도덕적 선택으로서의 믿음

믿음과 불신은 통찰력만이 아니라 윤리적 선택에서도 차이가 있음을 복음으로 살아가는 모든 이의 양심이 입증한다. 모든 사람들은 때때로 죄책감과 불행한 생각에 짓눌려 괴로워한다. 인생에서 가장 복되고 거룩한 순간에도 문득 떠오르는 의문이 있다면 그것은 복음이 과연 신적인 진리일 수 있는가 하는 것이다. 믿음이 없는 사람은 결코 확신 가운데 거할 수 없다. 신뢰의 근거를 사람에게서 찾는 누군가가 예수 그리스도께서 이 땅에 죄인들을 구원하러 오시지 *않았다*라는 부정적인 소식을 견고한 확실성을 갖고 믿겠는가? 이렇게 부정적인 것을 믿기 위해 자신의 이름과 명성, 소유와 목숨을 기꺼이 내놓을 사람이 어디에 있겠는가? 이렇게 부정적인 믿음을 입술로 고백하면서 기꺼이 순교의 길로 즐겁게 나아갈 사람이 있을 수 있겠는가? 부정적인 믿음은 그 믿음의 가장 깊은 근거와 기원을 합리적인 생각, 철학적 추론 혹은 비판적 의심에 두고 있기는커녕, 오히려 돌같이 굳은 마음에 두고 있음을 보여주기 때문에 순교자적인 감화를 끼치지도 못한다. 우리는 불신앙이 주는 도덕적 죄책감을 통해 다시금 복음의 진리가 옳다는 것을 지지할 수 있다. 왜냐하면 우리가 종교를 경멸함으로써 우리가 하나님 앞에 죄인임을 양심을 통해 깨달을 수 없다면, 그 어떤 종교도 참된 종교가 될 수 없기 때문이다.

복음을 받아들이거나 거부하는 것이 도덕적인 결단을 포함하는 까닭은 복음에 내재된 약속이 모든 강제력을 배제하기 때문이다. 자기 자신의 의지를 거슬러 믿음에 이르게 되는 사람은 아무도 없다. 믿음은 의지에 의해 복음의 진리를 인정하도록 감화를 받는 지성의 작용이다. 믿음은 전인적인 것, 곧 자신의 이성, 의지, 마음, 존재의 중심, 실존의 가장 깊은 내면까지 포함하는 것이다. 자신이 죄인이자 잃어버린 영혼이라는 것을 믿음 속에서 깨닫는 사람은 그리스도 안에 있는 하나님의 은혜에 전적으로 자신을 내어맡긴다. 그는 오랫동안 자신의 양심 안에서 성령의 증거를 거역하며 치러오던 전쟁을 끝맺게 된다. 또한 그는 자신의 모든 생각을 그리스도께 순종하는 일에 사로잡히도록 이끈다. 앞에서 말한 바와 같이, 종교에서 논쟁의 핵심이 되는 것은 항상 인간이 자신의 생명과 영혼의 보존을 위하여 알 수 있는 최고의 관심사이자 최고의 선이 무엇이냐는 것에 있다. 기독교는 인간에게 있어서 최고의 선이란 하나님 안에서, 그분과의 교제를 통해 얻게 되는 구원에서만 발견된다는 것을 가르친다. 믿음은 철저하게 인격적인 문제, 곧 우리 영혼을 하나님께 연결하는 고리에 접붙임으로써 지상의 모든 것에 의존하는 데서 벗어나 살든지 죽든지 우리의 모든 신뢰를 하나님께 두는 것이다. 믿음은 눈에 보이지는 않아도 영원하고 불멸하는 것들을 바라보기 위하여 우리 눈에 보이는 것들에 마음을 빼앗기지 않는 것이다.

믿음의 본성을 고찰해보면 인간을 믿음에 이르도록 하기 위해서는 복음에서 흘러나오는 도덕적인 영향력과는 또 다른 어떤 능력이 필요하다는 것을 명백히 알게 해준다. 우리가 기꺼이 자유롭게 온 맘을 다해 믿기 위해서는 새로운 마음과 변화된 의지가 필요하다. 누가 이러한 변화를 일으킬 수 있겠는가? 말씀은 매개체의 역할을 감당할 수 있으며, 합리적이고 도덕적인 증거는 믿음이 인간의 양심에 호소하도록 도와줄 수 있다. 그러나 이 모든 것을 다 고려해보더라도 궁극적으로 인간의 마음에서 믿음이 그를 세상의 모든 실재로부터 돌이켜서 오직 하나님만 신뢰하도록 영향을 끼치게 할 수는 없다. 성경은 모든 인간적인 경험에 앞서서 이러한 증거를 전면에 내세운다. 하나님 나라의 비밀은 혈과 육이 아니라 오직 하늘에 계신 예수 그리스도의 아버지 하나님만이 드러내신다. 하나님 아버지의 기쁘신 뜻은 이것을 지혜로운 자들에게는 숨기시고 어린아이들에게만 드러내시는 것이다(마 11:25).

언뜻 보면 이것은 매우 불합리해 보일 수 있지만, 그럼에도 불구하고 매우 합리적인 것이 사실이다. 알려지는 대상과 인식하는 주체가 일치할 때에만 지식이 성립하듯이, 하나님에 대한 참된 지식은 오직 하나님께서 우리 마음에 직접 일으키시는 믿음을 통해서만 가능하다. 아들과 아들의 소원대로 계시를 받는 사람들 외에는 아버지를 아는 사람이 아무도 없다(마 11:27). 이것은 우리를 절망에 빠뜨려서 곧

장 '그러면 과연 누가 구원을 받을 수 있다는 말인가?'라는 질문을 던지게 할 수는 없다. 심지어 가장 타락하고 잃어버린 모든 사람들에게조차도 하나님 안에서는 모든 것이 가능하다는 놀라운 위로가 주어지기 때문이다.

믿는 모든 사람들의 경험은 이것이 성경이 증언하는 사실임을 확증해준다. 그들의 경험이 아무리 다양하고 믿음에 있어서도 서로 차이가 있다고 해도, 그들은 하나님 앞에서 찬양과 기도를 통해 그들의 믿음과 소망은 오직 하나님의 은혜 때문이라는 것을 고백한다. 그들이 어떻게 믿음을 얻게 되었는지를 어떤 방법으로도 설명할 길이 없다. 이 모든 것들의 시작은 신비의 베일 속에 감춰져 있다. 모두 어둠 속에서 태어나 빛으로 들어간다. 바람이 임의대로 부는 것을 그 소리는 들을 수 있으나 어디서 와서 어디로 가는지 알지 못하나니 성령으로 태어난 모든 사람도 다 그러하다(요 3:8). 태어나면서부터 맹인이 된 사람이 증언할 수 있는 오직 한 가지는 이전에는 자신이 볼 수 없었으나 지금은 본다는 사실일 것이다(요 9:25). 믿음으로 그리스도에게 나아가는 사람은 모든 것을 전혀 다르게 보고 판단하며 평가한다. 예전에는 어리석다고 보았던 것을, 이제는 하나님의 지혜로 보고 영광을 돌린다. 불쾌한 것이라고 여겨 거부했던 것을, 이제는 가장 고귀한 기쁨으로 여긴다. 비록 모든 것이 반대되고 모순되어 보이며, 온 세상과 그의 양심이 그가 하나님의 모든 계명을 어겨 비참한 죄를 지었고 지금도 여전히 온갖 죄악으로 기울어져 있다고 정죄할지라도, 믿는 사람은 순수한 은혜 가운데 하나님께서 그에게 그리스도의 의를 베푸셔서, 마치 그가 결코 죄를 짓지 않았을 뿐더러 또한 그리스도께서 그의 구원을 위해 이루신 절대적 순종을 마치 그가 이룬 것처럼 여기신다는 것을 증언할 수 있을 뿐이다. 그러므로 믿음은 도덕적인 힘에 바탕을 둔 제일 고귀한 영적 능력의 행위이며, 하나님이 주시는 가장 귀하고 영광스러운 선물이기 때문에 하나님의 탁월한 사역이다. 믿음은 보이지 않는 것을 직접 보는 것처럼 하나님께 매어달리는 것으로서, 하나님의 사랑을 알고 그분의 은혜를 의지하며 그분의 신실함 가운데 소망을 갖고 살아가는 것이다.

믿음과 하나님의 말씀

위와 같은 하나님의 사랑과 은혜의 중심으로부터 믿는 사람은 자신이 성도들과의 교제 가운데 있음을 느낀다. 그는 전적으로 진리와 밀접하게 연결되어 있으며 사도들과 선지자들의 충만하고 풍성한 증거 및 하나님의 말씀인 성경 전체에 연결되어 있기 때문이다. 믿는 사람의 영혼과 성경의 결속력은 마음에서 우러나오는 모든 사랑의 성향처럼 분명히 신비스러운 특징을 지니고 있으나, 그렇다고 해서 비합리적이거나 전혀 근거 없는 것이 아니다. 믿음은 자신이 직접 경험한 것만이나, 혹은 자신의 내적인 경험으로부터 추론할 수 있는 것만을 결코 신적인 진리로 받아들이지 않는다는 것은 틀림이 없다. 왜냐하면 일반적으로 정서란 믿음 뒤에 멀리 뒤처져 있으며, 믿는 사람들 속에서도 더욱 그렇기 때문이다. 성경에 나타난 하나님의 계시는 교회 안의 극소수의 사람들에게 주어진 것이 아니라 모든 시대와 장소를 두루 거쳐서 진리의 근원이요 은혜의 수단인 교회에게 주어진 것이다.

그런데 믿음은 철학자나 예술가, 교회나 사제가 진리라고 제시하는 모든 것을 맹목적으로 받아들이는 것이 아니다. 최근에 많은 사람들은 객관적인 진리와 그것의 인식 가능성을 포기하고 주관적인 확실성과 종교가 주는 위안에 의지하여 중간적인 입장을 취하고자 노력한다. 이것 때문에 종교가 개인적인 문제이자, 심리적인 필요로 전락한다. 어느 주어진 시간과 장소에서 누군가에게 유용하고 필요하다고 믿을 수 있는 것이라면 무엇이든지 참되다고 여기기 때문이다.

그러나 객관적인 의미로 볼 때 종교가 존재하지 않거나 인식불가능하다고 한다면, 그것이 주는 주관적 확실성은 환상에 불과하다. 그리스도께서 죽은 사람들 가운데서 부활하시지 않았다면 복음을 전파하는 것은 헛되며 믿음도 모두 헛되다. 말씀이 믿음으로 받아들여지기 위해서는, 그것이 스스로 하나님께로부터 온 것임을 제시하고 확증하며 보증해야 한다. 종교개혁이 이것을 성경으로 돌아가서 재확인했다시피, 믿음은 애초에 종교적인 특성을 지니고 있다. 처음부터 믿음은 나중에 신뢰나 사랑을 통해서 보완되고 온전해지는 역사적 지식이 아니었다. 믿음은 그 시작부터 종교적인 상태요, 실천적인 지식이요, 자신에게 적용되는 지식, 곧 하나님께서 나와 맺으신 약속을 내게 고유하게 만드는 것이었다.

그러나 이렇게 믿음을 고유하게 만드는 것은 오직 말씀이 신적인 기원을 우리에게 제시하고 확증할 때에만 가능하다. 만일 성경이 과거의 사건들을 서술한 것에 지나지 않는다면, 성경은 역사적 신앙에 의존하는 역사적 근거 위에서만 받아들여질 수 있다. 비록 성경이 역사라고 할지라도 그 역사 속에서 성경은 역사 서술 그 이상의 것, 곧 하나님께로부터 나와서 인간을 믿음과 회개로 부르시는 말씀이다. 이 말씀은 진정한 믿음을 통해서만 알려질 수 있으며, 성경의 증거를 받아들이는 사람은 누구든지 하나님이 진실하시다는 것을 확증한다. 따라서 약속과 믿음은 서로 밀접한 관계에 있어서 서로에 대해 말해준다. 한 사람의 그리스도인이 성장하면 할수록 그는 말씀 안에 자신의 뿌리를 내리고 말씀을 더 잘 깨닫고 더욱 깊이 묵상하는 것을 배운다. 그는 동일한 믿음의 행위를 통해서 그에게 성경의 증언 속에서 순수하게 다가오는 형상을 지니신 그리스도를 붙잡는다.

그러므로 믿음은 진리를 담고 있는 근거가 아니고, 또한 지식이 흘러나오는 근원도 아니며, 객관적이며 자기 스스로 존재하는 진리를 인식하는 영혼의 기관이다. 믿음은 믿는 사람이 하나님의 말씀이라는 우물로부터 생명수를 길어 나르는 두레박과 같다. 그리고 믿음은 모든 지각과 생각을 통틀어 주체와 객체의 일치를 필요로 한다. 태양이 하늘에서 빛을 내는 것만으로는 충분하지 않다. 우리가 태양의 빛을 바라보기 위해서는 눈이 필요하다. 우리 눈에 보이는 세상이 우리의 모든 생각이 구현된 것이라고 간주하는 것은 충분하지 않다. 우리에게 있는 지성은 생각들을 따라잡아서 의식 안으로 받아들이는 일에 필요하다. 이와 유사하게, 믿는 사람들은 평범한 사람들과는 달리 자신의 눈을 열어 영원한 하늘의 것을 바라보고, 마음으로 하나님 나라의 비밀을 깨닫는 것을 배운 사람들이다. 그리스도인은 자신의 믿음으로부터 진리를 아는 지식을 쌓지 않고, 믿음을 통해서 구원의 신비 속으로 더 깊이 파고들어가는 사람이다. 하나님의 말씀은 언제나 그가 딛고 서 있는 견고한 토대이자 반석이며, 그의 생각의 출발점, 그가 가진 지식의 근원, 삶의 규범이며, 갈 길을 비추는 빛이자 발의 등불이다.

확실성의 차원

그리스도인에게는 진리의 확실성만으로는 충분하지 않다. 그는 또한 구원의 확실성을 필요로 한다. 그의 믿음은 그가 의존하고 있는 대상에 대해 확신하고 있을 때뿐만 아니라 자기 자신에 대해서도 확신을 가지고 있을 때, 하나님의 자녀가 가진 자유 속에서 안식하고 영광을 누릴 수가 있기 때문이다. 이 두 종류의 확실성, 곧 진리의 확실성과 구원의 확실성은 쉽게 구별되지만 결코 서로 분리될 수는 없다. 그들은 서로 긴밀하게 연결되어 있어서 하나가 없이는 다른 하나가 존재할 수도 없다.

이런 점에 있어서 믿음은 지식과도 같다. 지식의 특성은 그 대상에 대한 확실성일 뿐만 아니라 그 자체에 대한 확실성이다. 우리가 무엇인가를 분명하게 안다면, 동시에 우리는 의식할 필요도 없이 직접적으로 우리가 안다는 것을 인식하게 된다. 진실하고 참된 지식은 그것 자체의 존재에 대한 모든 의심을 배제하는 특징을 갖고 있다. 이러한 확실성에 도달하는 방법은 합리적인 논증이나 자기 성찰 혹은 논리적 추론에 의한 것이 아니다. 지식의 대상으로 알려지는 사물에 지식이 비춰주는 빛을 통해서 즉각적으로 자기 자신을 성찰하게 되면 모든 어둠이 물러가게 된다. 이것은 믿음의 경우에도 마찬가지다. 믿음은 그 이름이 실제로 뜻하는 바에 걸맞게 확실성을 안겨준다.

믿음은 우리의 믿음의 조상들이 일컫던 것처럼 세부적으로 구별된다. 외향적으로 드러나는 행위의 믿음과 귀향적인 행위의 믿음, 피난처를 추구하는 믿음과 확실한 신뢰의 믿음, 존재의 믿음과 복된 존재의 믿음. 그러나 이런 구별이 아무리 세밀하다고 할지라도, 영역별로 나눠져서는 안 된다. 믿음은 따로 떨어진 부분들을 모아서 점점 하나의 단위로 통합하는 기계 부품 조립 행위와는 전혀 다른 것이다. 믿음은 또한 저 높은 곳에서 우리의 낮은 본성으로 강제로 부과되어 언제나 우리 내면에 머물고 있는 낯선 선물과 같은 것도 아니다. 믿음은 하나님과 우리 사이에 올바른 관계의 회복이며, 평범한 아이가 아버지를 신뢰하는 데로 돌아가는 것이다. 성경은 믿음을 가리켜 영혼의 상태와 태도라고 부르며, 믿음의 본성에는 확실성이 포함되어 있다. 무엇보다도 확실성은 복음 안에서 하나님이 우리에게 주신 약속들에 대한 것일 뿐 아니라 또한 믿음으로 이 모든 약속들 안에서 우리가 공유하는 것이기도 하다.

후자, 곧 구원의 확실성은 외부로부터 믿음에 도달하지 않는다. 그것은 기계적으로 덧붙여진 것이 아니고, 특별한 계시에 의해서 믿음에 결합된 것도 아니다. 이 확실성은 처음부터 믿음에 포함되어 있으며 때가 되면 믿음에서 유기적으로 발생한다. 믿음은 확실성*이며* 그럼으로써 모든 의심을 배제한다. 죄책감에 짓눌려 괴로워하다가 그리스도 안에서 전심으로 피난처를 찾는 사람은 이미 믿음을 가진 자와 같다. 그가 피난처를 찾는 믿음으로 행하는 한, 그는 또한 확신 가운데 신뢰하는 믿음을 소유한 사람이다.

자신의 마음 깊은 곳에 있는 죄를 의식적으로 깨닫지 못한 죄인이 예수 그리스도의 아버지 하나님께서 자비와 큰 사랑을 베푸신다는 믿음과 소망의 확실성을 갖고 있지 않는 한, 죄책으로 괴로워하는 자로서 감히 하나님께 나아가 은혜를 간구하는 길 말고 다른 방법이 어디 있겠는가?

때때로 이런 모습은 마치 어떤 죄인이 자신의 죄를 확신하고 하나님께로 돌이켜 에스더가 말했던 것처럼 "죽으면 죽으리다"라고 고백하는 것과 같다. 피난처를 찾아서 하나님께로 달려가는 믿음은 불확실한 실험을 하는 것은 물론 의심스럽게 확률을 계산하는 것도 아니며, 오히려 그리스도 안에서 은혜와 용서를 간절히 구하는 사람은 누구든지 외면하지 않겠다는 하나님의 약속 위에 서는 것을 의미한다. 따라서 확실한 신뢰의 믿음은 이같이 피난처를 찾는 믿음에 포함되어서 서로의 발달을 촉진시킨다. 피난처를 찾는 믿음이 더욱 강해질수록 확실한 신뢰도 더욱 굳건해진다. 만약 후자가 작고 연약하다면, 전자도 부족해지고 불완전해질 것임은 분명히 말할 수 있다. 그러므로 믿음은 그 자체와 관련된 확실성을 논리적인 추론 혹은 그것의 본성에 대해 끊임없이 검사하고 성찰하는 행위를 통해서 얻어지지 않는다는 것을 보여준다. 예를 들어, 칸트의 『순수이성비판(Critique of Pure Reason)』은 우리가 확실성을 정립하는 데에 거의 아무런 도움도 주지 못한다. 확실성은 믿음을 통해서 즉각적으로 아무 매개체 없이 우리에게 흘러오기 때문이다. 확실성은 믿음의 본질적인 특성이며, 믿음과 분리될 수 없는 동시에 믿음의 본성에 속한 것이다.

그럼에도 불구하고, 믿음이 가장 두터워 보이는 그리스도인에게서도 믿음이 종종 의심과 뒤섞여 있을 때가 있다. 그러나 이러한 의심은 새 사람에게서 유래하는 것이 아니라 옛 사람에게서 오는 것이다. 성령의 조명 가운데서 믿음의 대상이 영혼의 눈앞에 놓이면, 동일한 빛이 믿음을 비춤으로써 모든 의심을 초월하게 일으켜주신다. 이스라엘 백성들이 광야에서 자기들의 모습을 바라보지 않고 나무에 달아 올린 뱀을 보고 나음을 입었듯이, 믿는 사람은 자신의 믿음*으로부터*가 아니라 하나님의 은혜로부터 나오는 믿음을 *통하여* 구원을 기대할 때 자신의 구원을 확신하게 된다. 이 확실성은 현재에도 미래에도 언제나 믿음의 확실성이며, 그 근원과 본성에 있어서 과학적 확실성과 확연히 구별되며 고정 불변하는 것이다. 이것은 인간의 논리에 의존하지 않으며, 오직 말씀, 곧 아무런 조건도 요구하지 않고 오직 모든 것이 성취되었음을 선포하는 하나님의 약속인 복음에 의존한다. 따라서 우리가 해야 할 모든 것은 이미 성취된 하나님의 사역으로 들어가서 영원토록 그 안에 거하는 일뿐이다.

확실성은 위험한 것인가?

교회는 때때로 이렇게 풍요롭고 자유로운 복음을 대담하게 선포하지 못하고 인간의 생각에 따라 재단하곤 했다. 이미 사도 바울 시대에도 많은 사람들이 은혜가 넘치도록 할 목적으로 더 많은 죄 가운데 거하는 일에 은혜가 남용되어 육체의 일을 도모하게 될까봐 염려하는 일이 있었다. 복음은 다양한 경로를 통해서 율법으로 변형되었고, 하나님의 선물은 일종의 요구사항으로 변질되었고, 하나님의 약속이 조건으로 바뀌게 되는 일이 비일비재하였다. 로마 가톨릭 교회는 선행을 우선시하였고, 개신교에서도 하나님의 은혜의 복음이 주는 풍성함을 참으로 믿고 누리기 이전에 여러 가지 경험들을 필요조건으로 내걸기도 했다. 사제들이나 영적인 삶의 수호자들은 믿는 자들에게 주어지는 신앙의 영적인 권리와 자유를 최종적인 산물, 곧 일련의 선행의 열매 혹은 진정한 내적 경험이라고 승인하였다. 따라서 믿음은 길고 긴 행위의 목록에 의해서 그 대상 – 그리스도 안에 있는 하나님의 은혜 – 과 분리되었으며, 신앙의 발달을 위하여 끊임없이 자신을 검사하고 성찰하는 일이 의무로 정해졌다. 내면을 들여다보고 또 변화무쌍한 경험 가운데서 자기를 찾는 헛된 일들로 인해 그리스도 안에 거해야 할 자신을 망각하게 된 믿음은 결국 확실성을 상실하고 말았다.

믿음은 그 본질과 특성상 주님이 주신 약속인 하나님의 말씀을 벗어나면 안식을 찾을 수 없다. 믿음을 흔들리게 만드는 것은 하나님의 것이 아닌 다른 근거, 곧 인간적이며 변하고 신뢰할 수 없는 것들 때문이다. 오직 하나님의 말씀만이 우리 영혼에 생명을 주실 수 있으며 우리의 소망이 세워지는 부동의 터전이다. 하나님의 은혜와 우리의 믿음 사이를 이간질하는 모든 인간적인 것들이 제거될 때, 우리의 믿음이 하나님의 약속 위에 지체 없이 바로 설 때, 믿음은 확신 속에 거하며 흔들리지 않게 된다. 바로 그때 믿음은 더 이상 주관적이고 가변적인 토대가 아니라 객관적이고 불변하는 토대 위에 서게 된다. 인생의 비참함 가운데서 구원받은 후에 믿음으로 두 발을 견고한 토대 위에 디디게 된 사람은 결코 요동하지 않는다. 믿음을 심음으로써 하나님의 약속에 근거해서 뿌리를 내리게 된 사람은 자연스럽게 확실성이라는 열매를 맺게 된다. 이 근거 속으로 믿음의 뿌리가 더욱 깊고 단단하게 내려지면, 더 튼튼하고 커다랗게 자라나서 더욱 풍성한 열매를 맺게 될 것이다.

성례의 확정

하나님의 약속은 두 가지 형태로 우리에게 주어진다: 듣는 것과 보는 것, 혹은 설교와 성례. 이 가운데 성례는 말씀의 징표이자 보증이므로 말씀에 종속된다. 말씀을 떠나서는 성례가 아무런 가치도 지닐 수 없으며 더 이상 성례일 수 없게 된다. 따라서 성례는 이미 말씀 안에 포함되어 있지 않은 은혜, 또한 믿음과 말씀을 통해 제시되지도 않는 은혜를 뜻하거나 그것을 전달할 수는 없다. 성례는 말씀에 대한 믿음을 전제로 하는 것이다. 말씀을 믿음으로 받아들이지 않는 사람은 성례로부터 아무것도 이끌어낼 수 없고, 설령 성례를 사용한다고 한들 더욱 더 변명할 수 없는 처지에 놓이게 된다. 성례는 오직 믿는 사람들을 위해서만 제정된 것이므로, 기존에 없던 새로운 것을 가져오는 것이 아니라 이미 있는 것의 능력을 강화해준다.[5] 이것은 성례의 본질에 따른 것이다. 왜냐하면 성례는 말씀에 결합되어 있으며 징

---

5) 바빙크는 여기서 로마 가톨릭과 루터란 대 개혁파 신학의 성례관의 차이를 가리키는 것으로 보인다. 로마 가톨릭의 화체설(사제의 성례 집행을 통해 성례의 표징인 떡과 포도주가 실체적으로 변해 자연인에게 초자연적 은혜 혹은 능력을 주입하는 효력이 있다), 루터란의 공재설(성례의 표징에 실체적 변화는 없으나 성례의 효력이 성례의 표징과 함께, 표징의 아래에 부착되어 편재한다고 보는 입장)은 결국 성례 그 자체가 구원의 은혜를 일으킨다는 관점이다. 이와 달리, 칼빈의 영적 임재설로 대표되는 개혁파 신학은 성례의 표징이 그리스도의 영적이고 실제적 현존을 제시하는 것이지 성례가 그 자체로는 은혜를 발생시킬 수 없고, 오직 하나님만이 구원의 효과적 원인이시므로, 성례의 효력은 그것을 제정하신 하나님의 뜻에 따라 말씀을 듣고 받아들이는 사람의 믿음을 강화하는 것에 있다고 본다. 참고, Louis Berkhof, *Systematic Theology*, Grand Rapids, MI: Eerdmans, 1996, 606-608; 문병호, 『기독론: 중보자 그리스도의 인격과 사역』, 서울: 생명의 말씀사, 2016, 407-8.

표와 보증은 성례를 확정하기 때문이다.

　성례적 확정과 능력의 강화는 두 가지 방식으로 실행된다. 첫째, 성례는 믿는 사람에게 하나님께서 그와 그의 후손들의 하나님이 되신다는 약속을 보증한다. 하나님은 자신이 맺은 언약을 기억하시며 구원의 모든 복 – 죄 용서와 영생 – 을 베푸신다. 하나님은 믿는 사람 속에서 시작하신 선한 일을 포기하지 않고 온전히 이루신다. 둘째, 하나님의 약속에 대한 성례적 확증을 통해서 그리스도인은 믿음 안에서 더욱 강해진다. 하나님과 맺은 약속의 확실성과 그것의 성취와 더불어, 믿음의 능력이 성장한다. 의식은 존재를 따른다. 어린아이가 어른으로 자란 후에는 어릴 적의 것들을 벗어버리고 성숙한 자의식을 갖추어 충만한 지식의 빛 아래 살아가게 된다. 이렇듯 감정은 차츰 뒤로 물러나고 확고부동한 믿음의 확실성이 삶의 모든 것을 비추어준다. 사도 바울은 이것을 가리켜 하나님의 성령이 우리 영으로 더불어 우리가 하나님의 자녀임을 증거한다고 했다(롬 8:16). 그러므로 성령을 따라 사는 모든 사람은 하나님의 자녀들이다.

확실성의 열매

　위에서 살펴본 것처럼 믿음의 본성은 그리스도에게 접붙임 받은 사람들이 감사의 열매를 맺는 것을 가능하게 해준다. 행위에 의해 성취되는 의를 믿는 사람들은 오직 하나님의 약속에만 의존하는 믿음은 도덕적으로 유익이 되지 않고 해가 될까봐 두려워하는 듯이 보인다. 그러나 이런 두려움은 완전히 근거 없고 무익한 것이다. 왜냐하면 어떤 의미에서는 행위가 없는 죽은 믿음은 존재할 수 없기 때문이다. 모든 종류의 믿음 – 평범하고 일상적인 믿음, 종교에서 발견되는 소위 역사적, 시간적, 기적적인 믿음에 이르기까지 – 이 열매를 맺을지라도 각각 그 맺는 열매의 종류는 다르다. 만일 우리가 집을 떠나 있다가 집이나 가족에게 환난이 닥쳤다는 소식을 듣고 그것을 믿는 순간 그 일의 영향을 받을 수밖에 없다. 그러므로 즉시 일어나 서둘러 집으로 돌아가는 행동을 취하게 된다. 성경은 귀신들도 한 분이신 하나님을 믿는다고 말하는데, 그 증거는 귀신들이 하나님의 존재를 믿고 부인할 수 없으므로 두려워서 떨기 때문이다

모든 기독교 세계를 복음의 진리에 묶어 놓았던 역사적 믿음 역시 열매가 없는 것은 아니다. 왜냐하면 대부분의 사람들이 이 역사적 믿음을 신봉했고 많은 죄로부터 구원받았기 때문이다. 그 당시에는 위선적인 행동이 만연했기에 많은 불의가 은밀하게 저질러졌다는 것이 사실이지만, 그럼에도 불구하고 그런 위선은 진리가 오류에, 덕이 죄악에 고개를 숙이지 않았다는 뜻이었다. 이와 달리, 현대사회는 아주 무섭고 혐오스러운 일들이 지극히 솔직한 모습으로 아무런 부끄러움 없이 행해진다는 점에서 여태껏 이보다 더 악한 곳은 없었다는 것이 확실하다.

결과적으로, 모든 믿음은 그것의 대상과 본성에 따라서 열매를

맺는다. 우리 믿음의 대상이 선한 소식인지 악한 소식인지, 약속인지 경고인지, 이야기인지 예언인지, 복음인지 율법인지에 따라 다르기 때문에, 믿음이 그 특성에 있어서 달라짐은 물론 또한 우리 삶 가운데서도 다양한 열매를 맺을 것이다. 이것이 모든 믿음의 경우에도 참이라면, 그리스도 안에 있는 하나님의 은혜만을 의지하는 복음을 참으로 기쁜 소식으로 받아들이는 마음의 영적인 갱신과 그것에 뿌리내리고 있는 믿음은 하물며 얼마나 참되어야 하겠는가? 이 믿음이 경솔하고 불경건한 사람에게서 나타나지 못하는 이유는 그 본성에 따라 맺는 열매가 하늘에 계신 아버지를 영화롭게 하는 열매이기 때문이다.

이와 같은 열매 가운데 참된 믿음의 실재, 견고성, 능력이 다시 한 번 드러난다. 경험과 선행은 믿음의 진리를 결코 사전에 미리 증명할 수 없다. 모든 진실한 경험과 선행은 믿음의 뿌리가 아니라 열매다. 이와 같은 것들은 복음의 약속이 믿음 안에서 합당해지기 전까지는 우리의 의식을 통틀어 삶과 마음에 영향을 끼칠 수 없다. 정서는 지성을 따르며, 의지는 정서와 지성 양자에 끌려간다. 믿음은 정서적 삶의 근원이며 우리 손으로 한 일에 생명을 불어넣는 능력이다. 그러나 믿음이 먼저 오지 않는다면 진실한 경험과 선행도 따라올 수 없다.

우리가 믿음 속에서 확실하고 견고하게 서 있지 않고 여전히 의심에 빠져 있는 한, 두려움과 불안을 계속해서 경험하게 될 것이므로 하나님의 자녀로서의 담대함과 신뢰를 갖지 못할 것이다. 또한 자기 자신의 문제를 너무나 염려하느라 하나님과 이웃을 향해 사랑으로 행하는 일에 온 맘으로 헌신할 수 없을 것이다. 즉 우리 영혼의 눈이 내면을 향해서만 열려 있다면 폭넓고 자유로운 시각으로 세상을 바라보지 못하게 된다. 우리는 아직도 어느 정도 두려움의 영에 매여 있다. 그리고 하나님과의 거리가 여전히 멀게만 느껴져서 그분과 친밀한 교제 속에 살아가지 못할 때도 있다. 지금도 우리는 자신의 능력과 선행으로 하나님을 기쁘시게 해야 한다는 생각을 은밀하게 품고 있으며, 율법적 원리에 따라 행하기 때문에 우리는 하나님의 자녀가 아니라 죄의 노예로 머물러 있다.

그러나 우리가 즉시 믿음 안에서 하나님의 약속만을 바라보고 그분의 풍성한 은혜 가운데 거하게 되면, 우리는 하나님의 자녀가 되고 양자 삼으시는 성령을 받는다. 이 성령은 우리가 하나님의 자녀 자격에 고유한 것이므로 우리의 영으로 더불어 우리가 하나님의 자녀임을 증언하신다. 그러므로 우리는 하나님의 자녀처럼 느끼며 자녀로서 가지는 능력과 경험을 지니고 마땅히 – 빚을 갚기 위한 노예처럼 하지 않고, 감사함으로 – 선을 행하게 된다.

만약 우리가 하나님의 자녀라면 또한 하나님의 상속자요 그리스도와 함께 한 상속자가 되었다(롬 8:17). 그런데 구원의 질서를 뒤바꾸는 일 – 다시 말해서, 믿음을 그 고유한 대상(하나님)으로부터 분리해내는 것 – 은 과거에도 있었다. 신앙인들이 바깥세상의 일은 운명에 맡겨버리고 영적인 문제를 논의하기 위하여 은밀히 함께 모이면서 더욱더 자신들에게로만 관심을 모으는 결과를 낳았다. 일례로, 경건주의 그리스도인들은 혼란스런 인생으로부터 물러나서 자신들만의 은밀한 모임을 만들기를 선호했다. 오직 종교적이고 영적인 삶만이 참된 것이었으므로, 다른 모든 활동들은 별로 가치가 없다고 보고 뒷전으로 밀어 버렸다. 실상은 사회 안에서 부부, 가족, 직장이라는 영역에 관계를 맺고 있으며 그것들을 소홀히 하면 안 되었음에도 불구하고, 그저 마지못해 살아갈 뿐이었다. 세상 속에서의 삶은 영적인 삶과 극명한 대조를 이루었다. 왜냐하면 전자의 삶은 항상 세상을 섬기는 일을 포함하고 있는 듯이 보였기 때문이다. 어떤 경우라도, 그런 삶은 낮은 단계의 삶일 수밖에 없었다. 고요하게 앉아 하나님께서 개인의 영혼 가운데 역사하신 것을 묵상하거나 신자들의 모임에 관계를 맺는 것이야말로 살아있고 이상적인 삶이며, 그리스도인의 참된 운명이었다.

그리스도인의 지상적인 임무에 대한 이와 같은 생각은 우리가 위에서 언급했던 구원의 질서를 역전시키는 데서 시작되었다. 그리스도인이란 일련의 내적인 경험을 하고 난 후에야 비로소 확실성에 이르러 인생의 마지막 순간에 안식할 수 있는 수고하고 무거운 짐을 진 사람이다. 확실성은 그가 기울인 모든 노력의 출발점이 아니라 최종 목적이었다. 구원받는 것이야말로 그가 소망하는 모든 것의 목표였다. 그는 자신의 상태에 대해 확신하지 못한 터라, 자신을 돌아보는 일에는 충분한 노력을 기울였지만, 눈을 들어 바깥세상을 쳐다보고 세상을 개혁하는 일을 떠맡을 용기와 힘은 부족하다. 만약 그의 고통스런 인생이 끝날 때에 천국으로 들려 올라갈 수 있다면 그것으로 충분한 것이었다. 그는 세상의 노예로 살기보다는 차라리 이 땅을 떠나기를 선호했다.

이와 같은(경건주의) 전통은 다른 한편으로 반드시 필요한 한 가지, 곧 현대인의 삶과 일상사 속에 흔히 결핍되어 있는 것을 과대평가하고 지나치게 강조하였다. 19세기의 그리스도인들이 자기 자신을 위해서 세상을 망각하려 했던 반면에, 현대의 그리스도인들은 세상 속에서 자기 자신을 잃어버리게 될 위험을 무릅쓰고 있다. 이제 우리는 온 세상을 변화시키고 그리스도를 위하여 삶의 모든 영역을 정복하기 위해서 나아간다. 그러나 우리는 때때로 '나 자신이 참으로 회심하였는가?', 또 '살아서나 죽어서나 참으로 그리스도에게 속해 있는가?'라고 질문하는 일을 게을리하고 있다. 우리의 인생을 요약하면 실제로 이와 같은 것이다. 우리 개인의 삶에서나 교회적 삶에서 경건주의나 감리교라는 꼬리표 아래 위의 질문들을 추방해서는 안 될 것이다. 한 사람이 온 세상을 얻고, 심지어 기독교적 원리를 위하여 그렇게 했을지라도, 자기 영혼을 잃어버린다면 무슨 유익이 있겠는가?

그런데 이것은 기독교가 한 개인의 영혼 구원에만 제한된다는 것을 의미하지 않는다. 성경과 종교개혁의 신앙고백에 동의하면서 믿음을 맨 끝에 두지 않고 구원의 서정의 시작에 두는 사람에게는 상황이 무척 다르게 보인다. 그가 가는 길은 믿음을 얻기 위해 분투하는 길이 아니라, 오히려 믿음으로 살아가는 길이다. 이 길은 믿기 위하여 행함을 없애는 길이 아니라 행하기 위하여 믿는 길이다. 이 길을 걷는 그리스도인은 그리스도 안에 있는 하나님의 은혜의 약속 가운데 자신의 관점을 발견한다. 그의 소망의 토대는 흔들리지 않는다. 왜냐하면 그 토대는 자신의 외부, 곧 결코 흔들리지 않으며 변함없는 하나님의 말씀 안에 놓여 있기 때문이다. 그리스도인은 자신의 구원이라는 집을 떠받치는 토대의 진리성과 능력에 대해 끊임없이 조사할 필요도 전혀 없다. 그가 하나님의 자녀인 이유는 여러 가지 내적인 경험들에 근거하기 때문이 아니라 하나님의 약속 위에 서 있기 때문이다. 이것을 확신하는 까닭에 이제는 빛의 아버지로부터 내려오는 모든 선하고 완전한 은사를 자유롭게 바라보고 기쁘게 누릴 수 있다. 그는 그리스도의 것이요 그리스도는 하나님의 것이므로 모든 것은 그의 것이다. 따라서 온 세상은 그의 책임 아래 놓인 문제가 된다.

종교적인 삶은 자체적인 내용과 독립적인 가치를 지닌다. 그것은 모든 그리스도인의 생각과 행동이 흘러나오는 마음을 중심으로 활력과 온정이 넘치는 삶을 살게 해준다. 그리스도인은 바로 이 삶 속에서 하나님과의 교제를 통해 일할 수 있는 힘을 얻고 영적인 전쟁에 나설 채비를 하게 된다. 그러나 이렇게 하나님과 교제하는 신비로운 삶이 그의 삶의 전부는 아니다. 비록 그가 살고 행동하는 공간 전부를 차지하지는 않을지라도, 그의 내면에는 기도의 방이 자리하고 있다. 영적인 삶은 가족과 사회, 일터와 정치, 예술과 과학 등을 배제하지 않는 삶이다. 물론 영적인 삶이 이런 영역들과 구별되고 훨씬 더 큰 가치를 지니는 것은 사실이지만, 그렇다고 해서 이 모든 것들에 맞서서 대립

하는 삶은 아니다. 오히려 그것은 우리가 이 땅에서 맡은 소명을 신실하게 달성할 수 있도록 해줄 뿐 아니라 전 생애가 하나님을 섬기는 일이 되도록 분명히 드러내주는 능력이다. 하나님의 나라는 확실히 온 세상보다 값진 한 알의 진주이자 또한 빵 전체를 부풀게 만드는 누룩과도 같다. 믿음은 구원의 길일 뿐만 아니라 세상을 이기는 힘이기도 하다.

성경을 따르면서 하이델베르크 요리문답을 고백하는 그리스도인은 이와 같은 확신 속에 거하는 사람이다. 그는 하나님과 이미 화목을 이루었기 때문에 만유와도 화목하게 되었다. 그는 예수 그리스도의 아버지이신 하나님을 전능하신 천지의 창조주로 고백하기 때문에 드넓은 마음을 갖게 되어 옹졸하게 자신만의 감정에 사로잡히지 않는다. 하나님이 세상을 이처럼 사랑하사 독생자를 주셨으니 그를 믿는 자마다 아무도 멸망하지 않고 영생을 얻게 될 것이다. 하나님이 그 아들을 세상에 보내신 것은 세상을 심판함이 아니라 구원하시기 위함이다(요 3:16-17). 그 아들 예수 그리스도의 십자가 안에서 하늘과 땅이 화목을 이루었다. 그의 아래 만물을 두셨으니 이것은 만물이 머리 되신 예수께로 모이게 하려 하심이다(골 1:18-20).

세상의 모든 역사는 하나님의 경륜을 따라서 새로운 인류로서의 교회의 구원을 향해, 유기적인 의미에서 세상의 해방을 향해, 새 하늘과 새 땅을 향해 나아가는 역사이다. 심지어 지금 이 순간에도 모든 것이 원칙적으로는 교회에 속해 있다. 왜냐하면 모든 것이 그리스도의 것이며, 또 그리스도는 하나님의 것이기 때문이다. 이 진리를 믿는 사람은 주님의 성전에 거하는 제사장으로서 온 세상을 다스리는 왕이나 다름없다. 그가 그리스도인인 까닭에 그는 온전하고 참된 사람이다. 그리스도인은 자기 발아래 피어 있는 꽃 한 송이조차도 소중히 여기며 머리 위 하늘에 빛나는 별들도 경외감을 갖고 바라본다.[6] 그는 예술을 멸시하지 않는다. 그것은 하나님께서 주신 소중한 선물이기 때문이다. 그는 과학도 하찮게 여기지 않는다. 그것 역시도 빛의 아버지로부터 온 선물인 까닭이다. 그는 하나님이 창조하신 모든 것이 선하다고 믿으며 감사함으로 받기에 아무것도 정죄할 것이 없다. 그는 성공과 보수를 위해 일하지 않는다. 비록 미래에 무슨 일이 일어날지 모를지라도, 하나님의 명령에 의해서 자기 앞에 주어진 것들을 바라보고 노력한다. 그는 망설임 없이 선을 행하기 때문에 그가 미처 깨닫기도 전에 열매가 열린다. 그리스도인은 은연중에 향기를 퍼뜨리는 꽃과도 같다. 요약하자면, 그는 모든 선한 일을 하도록 온전하게 준비된 하나님의 사람이다. 그러므로 살았을 때에도 그리스도를 위해 살며, 죽을 때에도 그리스도를 얻게 되는 사람이다.

---

6) 바빙크는 칸트가 『실천이성비판(1788년)』의 말미에 썼던 말이자 묘비에 새겨진 구절인 "생각하면 할수록 내 마음을 감탄과 경외심으로 가득 채우는 두 가지가 있다. 그것은 내 위에 별이 빛나는 하늘과 내 안의 도덕 법칙이다"를 생각하고 있음이 분명해 보인다.